勉強しない子に「勉強しなさい」と言っても、ぜんぜん勉強しないんですけどの処方箋

石田勝紀
Katsunori Ishida

ダイヤモンド社

【まんが】うちの子ぜんぜん勉強しないんですけど!!

自分から勉強する子に
育ついい方法がありますよ！
石田

教えてください!!
おまかせあれ！

○日後…
私が言わなくても自分から勉強しはじめました！
今日はこれやるよ！
かんたんかんたん！
この問題とけるようになった！
計算ドリル終わったよ！
宿題終わり！

子どもの自主性を尊重して少しずつ手を放していけば、
持って生まれた才能や個性を伸ばして
必要な勉強を始めるんです
ハイッ!!
くわしくは次ページへ！

はじめに

相談件数ナンバーワン！「うちの子勉強しないんですけど!!」への回答

「自分から勉強する子」に育つ、たった1つの方法とは？

私はこれまで、幼児から高校生までのお子さんを持つ保護者から1万件を超える悩み相談を受け、４０００人以上の小中高校生に勉強を教えてきました。その経験から、確信していることがあります。それは、子どもに失敗してほしくない**教育熱心な人ほど余計なことをして、親子関係が険悪になり、苦悩を抱えている**ということです。

逆に「子どもは子ども」と割りきって**その子の自主性を尊重し、少しずつ手を放していく親に育てられた子は、持って生まれた才能や個性を伸ばして成長**しています。

ある講演会で、その話を「動物園型」の子育てと「牧場型」の子育てにたとえて説明したところ、**最初はニコニコ聞いていた参加者の顔色がサーッと変わりました。**

そして講演会が終わったあと、次のような感想がたくさん寄せられたのです。

「今まで完全な動物園型子育てをしていたと気づきました。**これから放牧します！**」

「子どもが自分から勉強しないのは私のせいだとわかりました。**もう余計な口出しはしません！**」

詳しくは本書で解説していきますが、私が考える**「動物園型」と「牧場型」の子育ての違いは、子どもの自由な行動範囲が狭いか、広いか**。これに尽きます。

動物園のように、親の管理下で行動範囲が狭くなればなるほど、子どもは野性を失った動物のように、自分で生きる力が弱まっていきます。

逆に牧場のように、成長とともに行動範囲が広がっていくと、子どもは何をすればいいか自分で考えるようになります。やりたいことを選択、判断、実行する力がつき、失敗も学習できるので、精神的にも成長していきます。それが将来的に、**サバンナのようなサバイバル社会を生き抜く力**につながっていくわけです。

「親の理想」より「子どもの才能」優先という考え方

もちろん赤ちゃんのうちは、生きるために**管理型の子育てが絶対に必要です**。

でも子どもは徐々に言葉や態度で意思表示をするようになり、自由に動き回って遊びたがりますよね。幼児期頃から、**親の目が届く範囲でどれだけ子どもの好きにさせられるか**が、「牧場型」へ移行できる子どもとできない子どもの差として表れはじめるのです。

たとえば、子どもを芝生広場がある大きな公園に連れていったとしましょう。子どもが裸足になってあちこち走り回ろうとしたら、「汚いから靴を履いてこっちに戻りなさい！」と**指示するのが「動物園型」**。逆に、危ないときだけすぐ助けられるように後をついていき、**黙って見守るのが牧場型**。

このように日常的な場面1つとっても、「動物園型」と「牧場型」では、子どもへの接し方が異なります。

親の中にはよかれと思って、**子どもが好きでもない、やりたくもない習いごとをいくつもやらせて「親の理想」を実現しようとする**人も少なくありません。

でもそれが原因で、**本来伸びるはずだった「子どもの才能」がつぶされてしまう**こともある事実は知っておいてください。

「自分から勉強する子」は、人に言われなくても行動できる子

子育てのゴールは、**どんな時代も生きていけるように子どもを自立させる**ことです。

そのためには、「子どもはどう考えているのか？」「子どもはどうしたいか？」と子どもファーストで考え、**少しずつ手を放していかなければいけません**。けれども、子どもから手を放すことができない、あるいは放し方がわからない場合が多いのです。

そこで本書では、子どもから手を放すタイミングと放し方について、動物園型、牧場型、サバンナ型の３つの子育てステージにたとえて説明していきます。

「自分じゃ何もできない子どもから、手を放すなんて無理……」と思う方もいるかもしれませんが、心配はいりません。**手を放せば、子どもは自分でできるようになります**。

勉強についても同じで、「自分から勉強する子」に育てるためには、子どもを信じて手を放していくことが、遠まわりに見えても近道なのです。

本書が、**あなたの大切なお子さんの自立の一助**となることを願っています。

目次

第1章

勉強しない子に勉強しなさいと言ってもぜんぜん勉強しないんですけどの原因

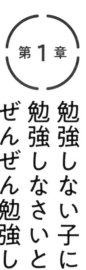

第2章

勉強しない子に勉強しなさいと言ってもぜんぜん勉強しないんですけどの診断

第3章

勉強しない子に勉強しなさいと言ってもぜんぜん勉強しないんですけどの対策

第4章
勉強しない子に勉強しなさいと言ってもぜんぜん勉強しないんですけどの処方箋

第5章 勉強しない子に勉強しなさいと言ってもぜんぜん勉強しないんですけどのカウンセリング

第1章

勉強しない子に
勉強しなさいと言っても
ぜんぜん
勉強しないいんですけどの
原因

子育てを3つのステージにたとえたら「覚悟が決まった」親が大量発生

●子どもがやることは、すべて親が決めている。
●子どもが何かするときは、親が先回りしてなるべく失敗させないようにしている。
●子どもが親の思い通りにならないと、イライラして感情的になることがある。

このいずれかに当てはまる人は、過干渉なタイプと言えるでしょう。もちろん**愛する子どものために、よかれと思ってやっている**に違いありません。

しかし、子どもも自分の考えや価値観を持った1人の人間です。調教師が芸を覚えさせる動物のような存在ではありませんよね。

親が過干渉でも、子どもが小さいうちは言うことを聞いてくれるでしょう。でも**中学、高校生になると一様に反抗しはじめます。「何か言えば言うほど関係が悪化します……」**という悩み相談が一気に増えるのも、この時期です。

親と子は別人格ですから、**親がいいと思うことが必ずしも子どもにいいとは限りません。**むしろ親が子どものことを思えば思うほど、その愛情が形を変えて「よけいなお世話」になりがちなのです。

親の焦りや不安、子どもへの期待や不信感から過干渉が続いていくと、最悪の場合、子どもが家庭内暴力をふるうようになります。

その悪循環を断ち切るためには、**自分が生んだ子どもでも基本的に「人は変えられない」と親が割りきる必要があります。**

そして今後、子どもから**心は放さずとも、口と手は放す覚悟**を決めることです。

子どもの成長に合わせて進めよう

勉強を含め、子どもが自分から行動できるようになるには、成長に合わせて段階的に３つのステージを進むのが一般的な理想像です。

まず前提として、動物の場合には大きく分けて次の3つの環境があるとします。

●動物園型／何もしないでぐうたらしているだけでエサをもらえるけれども、自由のない狭い場所でしか生きられない。

●牧場型／昼間は草原で自由に行動でき、動物舎に帰れば安全・安心が保たれた寝る場所やエサがある。

●サバンナ型／いちばん自由でどこにでも行けるけれども、危険から身を守り、自分で水や食べ物を探しながら生きていかなければいけない。

人間の子育ても、この3つの環境に置き換えて考えるとわかりやすいと思います。

あなたは今、どの環境で子育てしていますか？　子どもが大きくなったら、どの世界で生きていってほしいですか？

子どもが気になってしょうがない親のつまずきポイント2つ

この3つのステージを段階的に進めていくことが、子どもの自立をうながすステップです。

しかし、**「動物園型」で育てたあと「牧場型」へ、「牧場型」から「サバンナ型」へ、なかなか移行できないケースが多いのです。**

親がつまずきやすいポイントは2つあります。

1つは、幼児期に「牧場型」をスタートできず、狭い枠の中に子どもを閉じ込めて自由を奪ってしまうケース。

たとえ家の中でも、**言葉を覚えて動き回れる幼児期以降は、本人の自主性にまかせて自由に遊ばせる時間がとても大切です。**

しかし、勉強や習いごとが1週間ぎっしり詰まっている、遊びの内容もすべて親が決めるなどして、気がつくと小学校低学年になっても高学年になっても、子どもの自由な行動範囲が広がっていないことがあります。

2つめのつまずきポイントは、中学生になった頃。「牧場型」に移行して行動範囲がうまく広がっていく場合と、うまくいかなくて「動物園型」のままになる場合があるということです。

中学生にもなると、子どもは親の目の届かないところで行動するようになります。それまで**牧場の柵を少しずつ広げて、「自分のことは自分でする」という生活習慣を身につけさせ、物事の善悪や危険回避について教えていた**場合は問題ありません。

しかし、「私が見ていないとダメ」「子どもの行動はすべて把握しないと気がすまない」と考える親は、柵を広げて子どもを放牧することができず、**親が監視する狭い枠に引き戻してしまう**のです。

親が子どもの**将来を不安視し、子どもの欠点、短所をいじる**のもこのタイプで、自分の思い通りにならないと、子どもがやりたいことを制止します。

逆に、**教えるべきことを教えないまま、子どもの行動にまったく注意を払わず完全放置**してしまう親もいます。この場合、子どもがいつ危険な状態に陥るかわかりません。

例外的な天才タイプには、それに合った関わり方がある

ただしごくまれに、**中学生の頃から将来の夢に向かって、自らサバンナに出ていく**

早熟な子どももいます。これはいわゆる天才タイプで、高校を中退してアメリカに留学したソフトバンクの孫正義さんや、高校を自主退学した将棋棋士の藤井聡太さんらがこのケースに当てはまります。

このように子育てのステージをスムーズに移行することは簡単ではありません。

ここからは、「動物園型」「牧場型」「サバンナ型」の各ステージの特徴と、親の関わり方についてお伝えしていきましょう。

動物園型子育てって？

～24時間親の保護下にある乳児期から幼児初期

動物園の動物の育ち方は？

本来は狩りをして獲物を捕まえるライオンも、草を求めて群れで移動するゾウやキリンも、動物園では何もしなくてもエサを与えてもらえます。

毎日、決まった場所で過ごすので、野生的な本能は低下していきます。

掃除も健康管理もしてもらえるけれど、少なければ1頭だけ、多くても数頭で同じ仲間と一生を過ごすため、刺激はありません。

動物園は、赤ちゃんにとっては安全・安心が守られている最適な環境です。

しかし成長しても自由がなく、ただ食べて寝て暇つぶしをするだけ。

毎日ルーティンの生活で退屈な一生を終え

ることになります。

24時間家族の管理下で生活

人間の子どもの場合、赤ちゃんから2歳頃まで、自分でできないことがもっとも多い時期です。

食べものも決まった時間に与えられ、体も洗ってもらえますし、寝かしつけもしてもらえます。洋服を着たり、ベビーカーに乗って移動したり、身のまわりのこともすべて親にお世話してもらえますが、行動はかなり制限されます。

また、保育園や幼稚園に入るまではお友だちと交流することもなく、自分の家族とだけのルーティンの生活をしています。

動物園型 子育てのメリット

◎ やがて広い牧場に出るための自信を育てる準備期間

動物園型の場合、親はすべて自分の考えで管理して子育てします。

子どもは、何もできない赤ちゃんのうちは24時間お世話してもらえるので、衣食住すべてにおいて安心で、不安はありません。

お腹が減ったときや眠たいとき、泣いたり甘えたり駄々をこねたりしても、親にあやしてもらえれば満足できます。

行動範囲も家庭中心で、親がそばにいるので安全も確保されており、不安やストレスの少ない環境で育てることで子どもの心も安定します。

その後、子どもが1人遊びをはじめると、牧場型の時間が少し入ってきます。

この時期から親が子どもを1人の人間として尊重し、何をするにも「どれがいい?」「何をしたい?」と聞くようにすると、自分で考えるくせが身につきます。

メリット

1　すべてにおいて安心、不安がない

2　安全でストレスがない

3　心が安定する

親も子どもの好き嫌いがわかるようになるので、好きなことをやらせてあげると集中力が身につきます。

また、子どもの様子をよく観察して、できたことをほめてあげると、子どもは自信を持てるようになります。

たとえば１人で歩いたとき。ご飯をこぼさず上手に食べたとき。お箸を持てたとき。オムツがとれたとき。成長の節目節目でほめるタイミングはたくさんありますよね。

性格的な面でも、マイペースな子、積極的な子など、子どもの長所を見つけて伸ばしてあげると自己肯定感につながります。

そういったことすべてが、やがて広い牧場に出たときの自信につながるのです。

注意点 動物園型 子育ての

✕ 子どもの個性を伸ばす妨げにならないように注意が必要

動物園型子育ての場合、よくも悪くも子どもは100%親の影響を受けます。その影響が子どもの個性を伸ばす妨げになっていなければ問題ありません。

しかし、「こういう子どもになってほしい」という親の理想を一方的に押しつけると、**期待に反する子どもの短所ばかり目につき、さまざまな弊害が生じます。**

あえて動物にたとえるなら、気弱でやさしい草食動物として生まれてきた子どもを、肉食動物として百獣の王に育てようとするようなものです。

子どもは仲間と草原を走り回って草を食べたいのに、親から無理矢理肉を食べさせられ、獲物のとり方を習わされているようなイメージ。逆も同じです。

親がよかれと思って本人が嫌がっていることを教えこもうとしても、**嫌いなものは嫌いですし、できないものはできません。**しかし親はなんとか思い通りに育てたいた

注意点

1　よくも悪くも100%
親の影響を受ける

2　短所ばかり目につき、
さまざまな弊害が生じる

3　自信とやる気を失い、
自己肯定感もたたきのめされる

め、「なんでできないの！」と責めたり、怒ったり、脅したりします。それだけでなく、「また間違えたの？」「できないと後で苦労するからね！」と、短所いじりをはじめて口撃するのです。

そういう毎日が続くと、子どもは自信とやる気を失い、自己肯定感もたたきのめされてしまいます。その結果、勉強に対する「自信」を喪失。そんな子どもに「勉強しなさい」と言うのは拷問でしかありません。

「動物園型」が必要な時期は確かにありますが、それほど**動物園型は親の権力で子どもを支配しやすい環境でもあります**。悪い影響を受け続けると、子どもは自分で考えて判断できなくなってしまうので、注意が必要です。

牧場型子育てって？

自由行動や集団行動が増えていく
幼児期後期から青年期

牧場の動物の育ち方は？

牧場で飼われている牛や羊は、屋根がある場所で寝て、エサを与えられ、掃除してもらえます。昼間は柵で囲まれた草原に放牧され、自由に動き回り、食べたい草を食べます。

牧場の広さは、お庭くらいの狭い牧場から、サファリパークのような広大な敷地までさまざまです。そこに出ると自由に遊びたくて遠くまで行こうとしますが、「よく見ると柵があった」と気づきます。

人も同じで、食事、着替えなどが少し自分でできるようになり、考えや気持ちも片言で話せるようになる3歳頃から、自由に行動できる時間が増えていきます。

子どもの行動範囲が広がる

ただし、まだ目を離すと危険なので、親きょうだい、保育園や幼稚園の先生など大人がつねに見守り、安全を確保した場所で行動させます。学校生活がはじまると、親の目が届かないところで、先生や友だちと過ごす時間が増えていきます。

中学生、高校生になると、友だちと遊ぶ時間が多くなりますが、食事や睡眠など生活の基本が家庭にあることは変わりません。大学生になると、アルバイトや一人暮らしをはじめる子もたくさんいますから、親が把握できないほど世界が広がります。まだ学費や生活費など経済的な援助を必要としますが、子どもが親に頼ることは少なくなります。

牧場型 子育てのメリット

◎ 子育て後の人生を考えながら、少しずつ子離れの練習をすればいい

保育園や幼稚園で集団生活がはじまり、家庭の外で過ごす時間が増えると、子どももいろんな人と出会い触れ合うようになります。

同世代のお友だちと遊ぶことによって、コミュニケーションも覚えはじめます。

小学校低学年の頃まで、自分の気持ちや考えをうまく伝えられない間は、お友だちとケンカをすることもあるでしょう。

そのような経験の中で、やってはいけないことや言ってはいけないことを知り、人間関係を学んで道徳や社会性を身につけていくのです。

新しい経験をするたびに刺激も受けますから、好奇心や興味の対象も増えて世界が広がっていきます。

小学生は目の前のことしか考えませんが、中学生になる頃から先のことを考えて準

メリット

1　人間関係を学んで道徳や社会性を身につけていく

2　好奇心や興味の対象も広がっていく

3　生活面でも精神面でも、家族に支えてもらいながら自立に向けて訓練できる

備したり、将来のことを考えはじめたりする子も出てきます。

高校生や大学生にもなると、自分でやるべきことややりたいことを考え、親が余計なことを言わなくても勉強や部活など目標に向かって努力するようになります。

それでもまだ、親が見守ってくれて、家庭というホームグラウンドがあるから、安心してやりたいことに打ち込めるのです。

このように、生活面でも精神面でも、家族に支えてもらいながら自立に向けて訓練できる点が、牧場型の時期の最大のメリットです。親も、この時期に少しずつ子育て後の人生のことを考えながら、子離れの練習をすればいいのです。

牧場型 子育ての注意点

✕ 子どもへの接し方がわからないという悩みが急増する

集団生活がはじまると、親はどうしても他人との比較をはじめてしまいます。子ども自身も他人と自分の違いを認識するようになりますが、長所をほめられて育った子どもは「人は人」と割り切ることができるのであまり気にしません。

しかし、親が「○○ちゃんはバレエが上手なのに」「○○くんは勉強ができるのに、なんであんたはできないの？」と、他の子と比較してしまうと不幸の始まりです。優秀に見えるよその子への嫉妬や羨望を子どもにぶつけて、嫌みを言ったりバカにしたりするケースもめずらしくありません。「他の子を引き合いに出せば子どもがライバル心を燃やすだろう」と思っている人もいるのですが、それは大きな勘違いです。

人と比較されて育った子どもは、「自分は何をやってもダメだ」と自信をなくし、自己肯定感が低くなります。こうして自信を失った子どもが主体的に「勉強しよ

注意点

1　他の子と比較される

2　平均値かそれ以上を求め続けられ、親子バトルが絶えない

3　自分で決める訓練ができず、自立できなくなる

う！」と思うことはないでしょう。

こうして、子どもに平均値かそれ以上を求め続けていると、親子バトルが絶えません。

それが親の態度のせいだと気づかず、「子どもへの接し方がわかりません」という悩みが急増するのは中学生の頃です。

さらに、子どもが高校生や大学生になっても、親の見栄や世間体のために進路や就職を親が決めてしまったら、精神的には「動物園型」の親子関係に逆戻りします。

人間の幸福度は、所得や学歴より「自己決定」によって決まることが、さまざまな調査でわかっています。「牧場型」の時期に、自分で決める訓練をさせることができなければ、最悪、自立できなくなってしまいます。

サバンナ型子育てって？

親離れして自立して生きていく社会人以降

サバンナの動物の育ち方は？

サバンナにはいろんな種類の動物たちがいて生存競争をしながら生きています。

群れをつくって集団で生きる草食動物もいれば、家族単位で生きる肉食動物もいます。単独で生きる動物もいますし、水やエサのある安全な場所を探しながら移動する動物もいます。

弱い生き物が強い生き物に食べられる世界ですから、敵からいつ襲われるかわからない危険と隣り合わせで、毎日がサバイバルです。その代わりどこにでも好きな場所へ行くことができます。

管理されない自由があるので、野生の本能を存分に発揮できる環境とも言えます。

完全に親離れ子離れする

人間社会もサバンナと同じです。子どもが社会人になったら、完全に親離れ子離れするときです。

自分で働いて収入を得て、住む家も食べ物も自分でなんとかしてもらいます。

親はもう世話をしませんから、好きなように生きていける代わりに、自分で生計を立てて危険も回避しなければなりません。

仮に実家に住み続けたとしても、食費や生活費は入れさせて自立をうながします。

高校や大学に進学しないで10代のうちから社会に出て働きはじめた場合も、サバンナ型に当てはまります。

サバンナ型 子育てのメリット

◎ 何かあったらいつでも戻れる居場所を用意してサポートしよう

サバンナに出ると親の管理下ではなくなるので、自由度が一気に高まります。住む場所も食べる物も好きに選べますが、生活資金が必要なので、自分で働いてお金を稼がなければいけません。

仕事のことはもちろん、健康、人間関係、自分の将来のことまで真剣に考えるようになるので、情報収集力や思考力が高まります。

それまで親に頼っていたことを、**すべて自分でやるのはまさにサバイバルですが、そのぶんたくましく成長していきます**。もちろん親が「勉強しなさい」などと言わなくても、自ら必要な勉強をします。

クリエイター、芸術家、経営者、スポーツ選手ほか、さまざまな世界で活躍する人は、早い段階で自分からサバンナに飛び出していくケースも少なくありません。

メリット

1　自由度が一気に高まる

2　情報収集力や思考力が高まる

3　経験を積めば積むほど
サバイバル能力が鍛えられる

そんな場合でも、未成年のうちは親の経済的援助が必要なこともあります。家を借りるときなど、さまざまな契約も親が保証人になります。

しかし、それ以外のことを自分でマネージメントできる場合は、子育てのゴールである自立がもっとも早く進みます。

もちろん、最初は失敗もするでしょうが、それも学習となり、経験を積めば積むほどサバイバル能力が鍛えられます。

子どもが自分の人生を自分の足で歩きはじめたら、親は口出し無用、関わる必要もありません。ただ、何かあったらいつでも戻ってこられる居場所を用意して、困ったときにサポートしてあげればいいのです。

サバンナ型 子育ての注意点

✕ 生活能力がないうちからの無謀なチャレンジは考えもの

子どもがまだ自分で生きていけるほど秀でた才能も見つかっておらず、生活能力も育たないうちに、1人でサバンナに放つことはリスクしかありません。

特に未成年のうちに目的もなく親元を離れると、子どもを狙った悪い人たちが近づいてくる可能性があるため、危険度が一気に増します。

詐欺や詐取の被害に遭う可能性もありますし、最悪、命が脅かされることもあるかもしれません。

動物にたとえれば、エサの見つけ方も逃げ方もよく知らないシマウマが、肉食動物がいる草原で迷子になっているようなものです。

「かわいい子には旅をさせよ」という言葉がありますが、それは「お金、健康、人間関係、キャリア（将来設計）」の4つを自分でマネージメントできるようになって

注意点

1　子どもを狙った悪い人たちが近づいてくる可能性がある

2　詐欺や詐取の被害に遭う可能性もある

3　命が脅かされることもある

からの話です。

自分のことも自分でできないうちに、１人で旅をさせることは、イチかバチかの危険な賭けでしかありません。

中には、高校時代に自転車や電車で日本一周したり、大学時代に海外を放浪したりする子どももいます。その経験によってサバイバル精神が鍛えられた場合は、それからもたくましく生きていくでしょう。でもこれは、小さい頃から自分のことは自分でするように育った子どものレアケースです。

生活能力、自己管理能力がないうちに無謀なチャレンジを許すことは、慎重に考える必要があります。

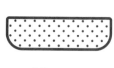

子育てステージを移行するときの6つの注意点

3つの子育てステージを進めていくにあたり、特に注意すべきポイントがいくつかあります。**子どもの精神年齢や性格、親の関わり方によって、成長の早さにも違いがありますから、そこも理解したうえで対処しましょう。**

一般的にはまず、女の子のほうが男の子より精神的に早く成長し、先のことを考える時間の概念も早く理解できるようになります。

ただし精神年齢については、単に早咲きか、遅咲きかの違いですので、どちらがいいとか悪いとかいう話ではありません。

また、「牧場型」に移行して自由になったあと、動画やゲームにハマる子と、ルールを守り自己管理できる子の差も広がります。これは、最初の親子の話し合いが決め手になります。

Point 1

時間軸の概念があるかないか

「牧場型」以降は、子どもの時間の自由度が高まっていきます。同時に先を見越して準備する時間の概念があるかないかの差が生じます。平均的に女の子は小学5年生、男の子は中学2年生の夏ぐらいから、時間の概念がわかるようになります。

それまでは、親がやるべきことを「見える化」する方法を教え、計画的に物事を進める習慣を身につけさせます。私が監修した『はじめての子ども手帳』（ディスカヴァー・トゥエンティワン）を活用するのもおすすめです。

Point 2

精神年齢が高いか低いか

一般的に男の子は女の子よりも精神年齢が2〜3歳低いと言われています。もちろん男の子にも精神年齢が高い子はいますが、少数です。

精神年齢が高い子は読書好きで知的好奇心が強い傾向があるので、学校の授業では物足りず、中学受験に向いている子も多いです。

逆に精神的に幼い子は、中学受験より高校受験のほうが成長のペースに適しているので、親はそこを見極める必要があります。

Point 3

ゲームとどうつき合うか

私の元には「子どもがゲームにハマって勉強をしない」という悩みが大変多く寄せられます。小学高学年から中学生の男子は大半がこの相談です。

中には、「動物園型」子育ての時期からゲーム＆動画視聴させ放題にしていて、子どももそれが当たり前になっているケースもあります。

ゲーム問題に関しては後ほど詳しく述べますが、最初に親子でしっかりとルールを決めなければ、途中でゲームをやめさせることは難しくなります。

Point 4

ネット空間から子どもを守る

ゲーム問題と同じく、インターネットを子どもに自由に使わせる弊害によって起きる問題も少なくありません。

最近は小学生も、ＳＮＳやゲームを通じて犯罪に巻き込まれる事件が増えています。

これも、使用制限や有害サイトのブロックなど、親がやるべきことが多々あります。

サイバー空間はサバンナ以上に無法地帯ですから、ネットリテラシーを教えて子どもを守らなければいけません。

Point 5　ネットトラブルについて教える

スマホを利用している子どもは、個人情報の取扱いにも注意が必要です。

スマホがあれば写真や動画を撮るのも当たり前ですから、自分や友だちの写真や動画を勝手にＳＮＳに投稿すると、個人情報流出になりトラブルを招きやすくなります。

チャットやＳＮＳによるいじめや誹謗中傷の問題も跡を絶ちません。

親はそういったリスクを子どもに伝え、加害者や被害者にならないよう健全な使い方を教える必要もあります。

Point 6　教育虐待になっていないか

子どもに「あなたのため」とよく言う親は、１週間のスケジュールを勉強や習いごとでいっぱいにしているケースが目立ちます。動物園型から抜け出せない親にこの傾向が強いです。

子どもの許容量やレベルを超えているのに無理矢理やらせるのは「教育虐待」です。親のエゴで、子どもを潰してはいけません。

教育熱心な親ほど虐待と思わず暴走しがちなので、子どもの表情が暗く元気がないようであれば要注意です。

まとめ

- 親がいいと思うことが、必ずしも子どもにとっていいとは限らない
- 子どもから心は放さずとも、口と手を放す覚悟は決めること
- 勉強を含め、子どもが自分から行動できるようになるには、成長に合わせて段階的に育て方を変える必要がある
- 幼児期以降は、本人の自主性にまかせて自由に遊ばせる時間が大切
- 中学生になるまでに「自分のことは自分でする」習慣を身につけ、物事の善悪や危険回避について教える

第2章

勉強しない子に
勉強しなさいと言っても
ぜんぜん
勉強しないんですけどの
診断

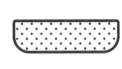

「自分から勉強する子」に移行する際のチェックポイント

子育て相談でいちばん多い「子どもが勉強しないんですけど!!」という悩みは、ほとんどが動物園が長すぎるパターンです。

要するに、多くの親御さんが**動物園から牧場へ子どもを放つことが難しいと感じて苦労している**ので、ここでは、移行の仕方と子どものチェックポイントについてお伝えします。

まず親がお世話していたことを、ひとつひとつ子どもにやらせていきます。

はじめは歯磨き、入浴、学校の準備などの生活習慣から、親がやり方を教えながら本人にどうするか決めさせます。徐々に勉強や習いごとのスケジュール管理などレベルアップしていきましょう。

子どもが自分でやると決めたことは、**最低でも2週間は手を出さないで見守ってく**

ださい。その期間が数日間だと短すぎて、不安や心配からまたすぐ管理をはじめる親が多くなります。

すぐにできなくても当たり前

たとえ計画通りにいかなくても、それが子ども本来の姿だといったん受けとめます。

そして、やりたいようにやらせると、はじめは忘れ物が増えることもあるかもしれませんし、勉強をしても成績は上がらないかもしれませんが、本人の満足度は高まります。

満足度が高まると不思議と、親が言ってもやらなかったことを自分からやりはじめたりします。

これが子育てのおもしろいところで、親が口出しすると反作用になるのですが、**本人がやりたいことをやりきらせると、次に何をすべきか自分で考えはじめるのです。**

小学生から中学1年生くらいまでは、自分ですべて決めることが難しいので、親が選択肢を与えて、子どもにどうしたいか考えさせて決定権を与えます。

2週間試して、選んだ方法がその子に適していなかったら、別のやり方に変えればいいのです。

このように、「選択肢を出す→子どもに決定権を与える→最低2週間は干渉せず観察する→成果を上げるための次の選択肢を出す」というサイクルをくり返していけば、動物園から牧場に少しずつ移行でき、しだいに自分から勉強するようになります。

精神年齢が実年齢どおりとは限らない

子育てステージを移行する際の心得として忘れてならないのは、前にも触れたように精神年齢を見極める必要がある、ということです。

私はこれまで4000人以上の小中高生を指導してきて実感していますが、**実年齢と精神年齢が一致しているほうがレアケースです。**

精神年齢の幼さがわかりやすいポイントは、「年齢相応の話をしても通じない」「先を見通して行動できない」の2つです。

精神年齢が高い子どもは、親から言われなくても明日の準備をします。

勉強の計画スケジュールも、テストから逆算してコツコツと進められます。

また、早熟な子は大人でも即答できないような抽象的な質問をしてきます。

そして、自分が知りたいことや気になることがあれば、先生に聞いたり本やネットで調べたりして自分から情報を取りに行きます。

成長が早い子は10歳前後から、自分の意見を言って自己主張するようになります。

それを反抗期と感じる親もいますが、**自分の意思がはっきりしてきた子どもは自己裁量のバランスを増やしてあげて、任せていけばいいのです。**

そういう子どもは少数派ですが、中学受験すると余裕で上位校に受かっていきます。学校の勉強は退屈でつまらないので、受験勉強レベルの内容のほうが刺激的でおもしろく、ゲーム感覚でテンションが上がるのです。

小学生の成績は、成長が早めの子に有利にできている

逆に、精神年齢が低い子どもは、中学受験でも塾の最下位クラスから上がっていきません。

小学４年生の春に入塾して半年以上、最下位クラスのままで成績が低迷していたら、おそらく中学受験できるレベルに精神年齢が追いついていない「遅咲き」タイプです。

高校受験に切り替えることも考えたほうがいいでしょう。

このような違いから自分の子は早咲きか、遅咲きかを判断し、無理せずその子に合ったペースで子育てステージを移行することをおすすめします。

「自分から勉強する子」に育つ3つの原則

私の元へ寄せられる相談の中には、**親の理想をずっと押しつけられて、小さい頃から勉強ばかりさせられたという大人からの悩み**もあります。

ある人は、親の希望通り医者になったものの自分には向いていないと痛感し、カウンセラーに相談したけれど、後戻りはできないので心の傷が癒えないと嘆いていました。大きな声では言えませんが、その相談者の周りでは、親の期待に応えて医者になった後、心を病んでしまっている人も多いそうです。

子どもの人生にそんな悪影響を及ぼさないためにも、次の3つの原則を心に刻んでおきましょう。

原則❶「監視」するのではなく「観察」する

悪いことをしないように見張るのは「監視」です。子どもを監視すると欠点やできないことばかり目につき、怒ったり短所をいじったり、指示命令をしたくなります。

一方、「観察」は子どもの自然な成長を客観的に見ることです。

観察日記をつけるつもりで、**子どもの様子や言動を注意深く見ていると、ささやかな成長や変化に冷静に気がつくようになります。**

原則❷　選択肢を与えるのは親。判断して決定するのは子ども

子どもは知識も経験も足りませんし、先が見えません。

そこでくり返しになりますが、親が選択肢を出してそれぞれの違いを説明し、子どもにどうしたいか判断させ決めさせます。

この仕組みを子育てで習慣化し、**自己判断力、自己決定力を高めていくとスムーズにステージを移行できるようになります。**

原則❸　親がやらせたいことではなく、子どもがやりたいことを応援する

子どもがやりたいことを応援してあげると自己肯定感が高まります。

自己肯定感が上がるとその子の心が満たされ、今まで嫌だったことにも取り組みはじめる現象が起こります。

かなり高い確率で勉強も自分からはじめるようになります。

【状況別】あなたの子育てはどのパターン？

子育てステージのたどり方は、9つのパターンに分かれていく

動物園型、牧場型、サバンナ型の子育てには、大人になるまでに9パターンの組み合わせがあります。

理想的な子育ては、子どもの成長に合わせて動物園から牧場に放ち、自立の訓練をしてからサバンナへ送り出すパターンです。

ところが、**これがなかなか難しく、子離れできない場合が多い**のです。

動物園が長すぎたり、牧場からサバンナに放つことができなかったり、逆に子どもが勝手にサバンナに飛び出していったり、さまざまな事情やケースがあります。

そこで3つのステージの組み合わせ別に、それぞれの傾向と対策について説明します。

あなたのいまの子育ては、どのパターンに当てはまるでしょうか？

現状確認と、進むべき方向と対策について考えるヒントにしてください。

子育てステージは9つのパターンに分かれていく

0〜9歳	10〜19歳	20歳〜		パターン
動物園	動物園	動物園	社会的支援が必要	1 58ページ
動物園	動物園	牧場	大人になっても親が管理	2 59ページ
動物園	動物園	サバンナ	過干渉からやむなく突然自活	3 60ページ
動物園	牧場	動物園	トラブルに遭って休養	4 61ページ
動物園	牧場	牧場	親のすねかじりが続く	5 62ページ
動物園	牧場	サバンナ	**順風満帆な理想型**	6 63ページ
動物園	サバンナ	動物園	早熟からの保護	7 64ページ
動物園	サバンナ	牧場	挫折からの再出発	8 65ページ
動物園	サバンナ	サバンナ	訳ありや天才系が超自立	9 66ページ

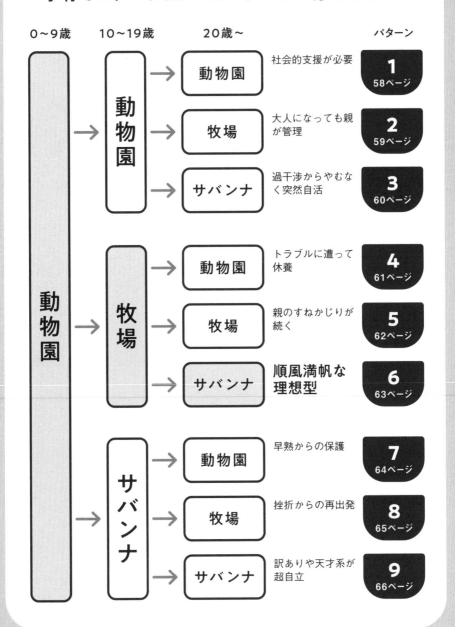

パターン1

動物園
▼
動物園
▼
動物園

● 社会的支援が必要

動物園がずっと続くパターンには、何歳になっても自分のことを自己管理できず親が面倒を見ている子どもが当てはまります。また、完治しない病気を抱えていたり、心身に障がいがあったりするなど、親の養護がずっと必要な場合も該当します。

さまざまな事情があってそうした状況に陥ってしまうわけですから、一概に解決策は述べられませんが、親が先に死んだあとも働けない子どもが生きていけるような社会的支援が必要だと思います。家族以外との人間関係が少ないまま大人になった子どもと年金暮らしの年老いた親の「80・50問題」も社会問題化していますから、社会とのつながりを準備しておきましょう。

パターン2

動物園
▼
動物園
▼
牧場

大人になっても親が管理

子どものことをいつまでも親が管理している場合はこのパターンに当てはまります。動物園と牧場の違いは、親が判断するか子どもが判断するかの違いです。

高校生や大学生になっても子どもに任せられずにいると、自己判断ができなくなります。すると子どもは社会人になっても親が決めた枠の中にいる牧場生活が続き、自分の人生を生きることができません。

そういう親の影響によって、自分が親になってからの子育てに苦しんでいる方からの相談もよくあります。

動物園を早く卒業するコツは、親も自由にサバンナに出て、行動する自分の時間を増やすことです。

パターン3

●過干渉からやむなく突然自活

親が過干渉でいつまでも放牧してくれないと、息苦しい動物園から逃げ出すために、親に反抗して早くサバンナに出て行く子どもがいます。またそれとは逆に、家庭の事情で親が子どもを育てられなくなると、仕方なくサバンナに放り出されることもあります。学費を子どもが稼がなければならないケースなどは後者です。

どちらも突然自立することになるので、なんとか自活するか、ドロップアウトするかどちらかに分かれます。サバンナで挫折したらいったん実家で牧場生活に戻し、進学や進路の方向性を考え直しましょう。経済的問題がある場合は、給付型の修学支援制度や奨学金なども調べて、選択肢の幅を広げます。

パターン４

動物園
▼
牧場
▼
動物園

●トラブルに遭って休養

行動範囲が広がって牧場に放しても、牧場の柵の中で問題が起きて動物園に戻すと、このパターンになります。たとえばいじめに遭ったり不登校になったり、大学生であれば就活がうまくいかずやる気をなくすなど、おもにメンタル面でケアが必要な場合です。

子どもが適切な自己判断をできなくなったら、親が話を聞いてあげます。「あなたが悪い」などと自己責任論で追い詰めてはいけません。否定も非難も一切せず、存在をそのまま受け入れて自己肯定感を取り戻してあげてください。学校でのトラブル回避は、転校や引っ越しなど環境をガラッと変えるのも効果的です。その後、自分で判断、行動できるようになったらまた牧場に放していきます。

パターン5

動物園
▼
牧場
▼
牧場

●親のすねかじりが続く

これはいわゆる「親のすねかじり」が続くパターンです。子どもにとっては牧場が居心地よく、大人になっても危険やリスクの多いサバンナには行きたくない、あるいはサバンナに出ても働きたくないといったケースが当てはまります。なお親の家業を継ぐ場合は、否応なく牧場が続きますがこれは問題ではありません。そうではなく、子どもの自己都合で牧場を続けている場合、親が自立をうながしたほうがいいでしょう。

在宅でできるビジネスもたくさんありますので、在宅でも働いている場合は食費を払わせます。親はいずれ先に死ぬわけですから、たとえ実家を離れなくてもいざとなったら自活できる力を子どもに身につけさせます。

パターン6

動物園
▼
牧場
▼
サバンナ

●順風満帆な理想型

子どもの成長に適した一般的な自立モデルです。乳児の頃はすべて親が管理しますが、幼児期の頃から子どもが判断、実行することを増やしていきます。最初は親も一緒に伴走して考え方とやり方を教えますが、成長とともに自己判断力、自己決定力、自己満足度を高める経験を増やしていきます。当然、失敗もしますが、そのぶん対応力が高まります。

自分でやるべきことを考え、どうすればうまくいくか学習していく経験が自信につながるのです。専門学校や大学に進む頃には、親は経済的援助をするくらいですむでしょう。このパターンで育った子どもは、社会に出ると自由を楽しみながら生きていけるようになります。

動物園
▼
サバンナ
▼
動物園

●早熟からの保護

牧場の時期を飛ばしてサバンナに出て行く場合、たとえば、小学生がユーチューバーになったり、起業したりするケースがあります。たとえ親と暮らしていても、自分でお金を稼ぎはじめたらサバイバルをはじめていると、とらえていいでしょう。また、小中学生から寮生活や留学生活をはじめる子どももここに当てはまります。

ただし、経験も知識もなくいきなりサバンナに出ると傷ついたり、危険な目に遭ったりする可能性が高いので、そのときは動物園に戻してリハビリさせます。

それで元気になっても、またすぐサバンナに出さずに牧場へ移行することを目指すのがいいでしょう。

パターン8

動物園
▼
サバンナ
▼
牧場

●挫折からの再出発

早くサバンナに飛び出して挫折し、牧場に舞い戻ってくるケースです。年齢的には10代後半くらいの挫折で、自分のことはある程度自分でできるので動物園でリハビリするほどダメージは大きくありません。しかし、社会の厳しさを知ったメンタル面での落ち込みが激しいので、牧場で親が見守りながら自信を取り戻させます。ハードルの低い経験を積ませると社会復帰のリハーサルになります。

進路の方向転換のきっかけにもつながります。高卒で出戻った人は専門学校や大学で学び直す選択肢もあるでしょう。一度サバンナで苦しみを味わったぶん、牧場で有意義に過ごせればまた元気にサバンナに出て行けるようになります。

パターン9

動物園
▼
サバンナ
▼
サバンナ

●訳ありや天才系が超自立

経済的理由で親が学費を払えない場合、中卒で働きはじめなければいけません。また、家庭の事情とは関係なく子どもが10代半ばから社会に飛び出すケースもあります。スポーツ選手、経営者、クリエイター、芸術家、若手ネットビジネス起業家などもこれにあたります。いずれも、10代のうちにサバンナに出て成功したり、成功とまでいかなくても自活したりして人生を歩んでいける人です。

なんでも自分で決める天才系によくあるパターンなので、親も「こういう子だから仕方ない」と割りきってサバンナに送り出すケースが多いようです。最初のうちは無収入で軌道に乗るまで親の援助が必要なこともあるかもしれませんが、自立が早いです。

ここでは大人になるまでの９パターンの子育てモデルを紹介しましたが、どれも最終的に**子どもが自立できれば結果オーライです**。

親子の数だけ子育ての数もありますから、３つのステージがそれぞれ長くても短くても、行きつ戻りつしても、子どもが社会で生きていけるようになればいいのです。

親が心がけるべきことは、親ファーストではなく子どもファーストで考えること。

そして子どもの存在自体に感謝する心を忘れないようにしましょう。

子どもの存在をそのまま認めると、いいところも見えてきます。

いいところは、子どもが何歳になっても本人に伝えてあげてください。

その親の愛情と信頼が子どもの心を満たし、サバンナを生き抜いていくための武器になるのです。

まとめ

- 親がお世話していたことを、ひとつひとつ子どもにやらせる（最低でも2週間は手を出さないで見守ってください）
- 計画通りにいかなくても、子どもの本来の姿と受け止める
- 本人がやりたいことをやりきると、満足度が高まり、次に何をすべきか考えはじめる
- 年齢に比べて幼さが残る「遅咲き」タイプは、無理せずその子のペースに合わせる
- 「自分から勉強する子」に育つ3つの原則
①「監視」するのではなく、「観察」する
②選択肢を与えるのは親。判断して決定するのは子ども
③親がやらせたいことではなく、子どもがやりたいことを応援する

第3章

勉強しない子に勉強しなさいと言ってもぜんぜん勉強しないんですけどの対策

子どもは親とは違う才能を持った人間と心得る

まず大前提として、**子どもは親の思い通りには育ちません。**

このことを自覚せず、子どもを思い通りにしようとしてしまう人はとても多いです。同じ親から生まれたきょうだいでも、才能や個性は異なりますよね。ですから、**子どもをよく観察して、その子にしかない才能と個性を見つけて伸ばしてあげるのが親の役目です。**

たとえば、放っておくとお絵描きばかりしている子は、他のことを無理矢理やらせず、本人が満足するまでお絵描きさせてあげるといいでしょう。

高校や大学の進路も、本人に決めさせると芸術系を希望するかもしれませんし、将来は芸術的センスを生かすクリエイターやデザイナーになるかもしれません。

教育熱心な親ほど不安や焦りを感じて、幼児期から英語、プログラミング、スイミング、ピアノ、公文式など、ありとあらゆる習いごとをさせています。

小学校受験をする場合は、これに幼児教室や体操教室なども加わります。

「親の安心感」より「子どもの才能」を重視できるか

もちろんどれも無駄な経験ではありませんが、本人が楽しんでやりたがることでなければ、親が気づいていない別の才能の芽を潰してしまう可能性があります。

親が「もっと、もっと」という思いで一方的に子どもにやらせていることは、子どものためというより「親の安心感」のためです。

幼少期は我慢して親の言うことを聞いていた子どもも、成長するにつれて好き嫌いの意思がはっきりしてきます。親が無理矢理やらせたことは、嫌いになるか関心を示さなくなるものです。

ですから、まずは親の理想は捨てて、子どもが好きなこと、やりたいことを聞いてあげてください。

そして、本人の希望に沿った選択肢を出して、何をするか決めさせます。

親が望むことではなく、本人が望むことで才能を伸ばしてあげましょう。

子どもの行動範囲を広げる

親と子のバランスで、子どもが判断できることが増えれば増えるほど、行動範囲が広がっていきます。

その際、**親が誘導するのではなく、子どもの自発性に注目してあげてください。**

たとえばよくあるのが、「子どもが好きそうだから」「興味を持ってほしいから」という思いから、親が科学館や博物館に誘って、子どもも反対しないケース。

そこで、子どもが目を輝かせて喜んでいればいいのですが、「親に言われたから仕方なくつき合っている」ケースも目立ちます。

すると親御さんから私へ、「博物館や科学館に連れていっても興味関心を示してくれません。それでもめげずにいろんなきっかけを与えたほうがいいのでしょうか？」「せっかく連れていってあげたのに期待通りの反応をしてくれません」といった相談が寄せられるのです。

親が好きなことを楽しめば、子どもが伸び始める

親が「せっかくあなたのために連れてきたのに」と言いたくなる様子なら、無理に連れて行かないほうがいいでしょう。

その代わり、**親が行きたいところに連れて行って、親が楽しんでいる姿を見せればいいのです。**

すると子どもも、自分が興味関心のあることを楽しみたいと思うようになり、自発的に「○○を見に行きたい」「○○で遊びたい」と言うようになります。

そこまではっきり希望を言わない子でも、散歩の途中で虫の声が聞こえてきて子どもが探しはじめたら一緒に探すなど、よく観察していると、子どもがやりたいことや好奇心をくすぐるものは意外と身近にあります。**一緒にテレビを見ていて、興味を示したことから入っていってもいいのです。**

他人の子どもだったら、望んでもいないことを無理矢理やらせたりしないですよね。

子どもの本来の才能が見えてくる

小さいうちは親の言うことを聞いていた子どもも、**思春期を迎える頃から反発心が強まって口答えするようになります。**

親の理想というものは、子どもには「ウザい」だけですから、会話が減るのも当たり前です。それを理解せず、子どもを信用できなくなると、信頼関係が揺らぎはじめます。親がうるさく言えば言うほど反抗的な態度をとるようになり、隠れて悪いことをしたり、嘘をついたりすることもあります。

自分を信じてくれない人とは、大人でも距離を置きますよね。そんな人からとやかく言われても聞く耳が持てないのは、親にもわかると思います。「子どもが言うことを聞いてくれない」とイライラするのは親のほうだけです。

親が思いきって手を放せば、子どもも変わる

子どもを説得する方法を探し求めるのではなく、親自身の考え方を変えると、イライラはなくなります。

私はこれまで、**親が思いきって手を放したあと、子どもが自主的にやるべきことに取り組みはじめた**例を、数えきれないほど見てきました。

親ががんばって、子どもをなんとかしようとしているうちは、ほとんどのことは解決しません。その代わり、目の前の子どもが「今、楽しんでいること」「好きなことやりたいこと」を応援してあげてほしいのです。

親が「理想の子育て」を捨てて子ども目線に立つと、それまで気づかなかった子どもも本来の姿が見えてきます。

今この瞬間の子どもとの関係を大事にすれば、感情が落ち着きます。

感情が落ち着くと、子どもへの声かけや態度も冷静になれるものです。

「押してダメなら引いてみろ」という言葉がありますが、子育てにも当てはまります。

親が押しつけることをやめれば、子どもは自ら動き出すものです。

子どもが自律、自立する〝放牧〟子育て3つの条件

子どもには本来、自分で成長していく力が備わっています。

親がその成長を応援し、安心して好きなことに取り組める環境を用意すれば、子どもは自分から牧場に飛び出し、サバンナへと旅立っていきます。

子どもの自律と自立をうながす〝放牧〟子育ての基本条件は次の3つです。

❶ 親子でたくさん雑談する

コミュニケーションの量は信頼関係と比例します。

でもこれは勉強と関係ない話題に限った話なので、**子どもが嫌がる勉強の話題は封印**して、その日あったいいことを親子で報告するとか、ニュースを見て興味を持った話題について会話するといいでしょう。

雑談が増えて信頼関係が深まると、子どもは安心してぐんぐん成長していきます。

❷ 呪いの言葉を口にしない

「勉強しなさい」「早くしなさい」「ちゃんとしなさい」は、子どもの自己肯定感を破壊する呪いの言葉です。

この３つを**言えば言うほど、勉強嫌いになり、ぐずぐずが直らず、もっとだらしなくなります**。

この３つの言葉は絶対に言わず、できないことは伴走してあげると、自己肯定感が上がっていきます。

❸ 生活習慣を身につけさせる

牧場型の時期は、「あいさつ」「時間管理」「整理整頓」の基本的な生活習慣を身につけさせます。この３つは**学力と相関関係**があることもデータでわかっています。

時間管理と整理整頓は、最初はやり方を教えて、ある程度、自分でできるまでサポートしてあげてください。

あいさつは主体性の表れで、主体性がある人には情報が集まってきます。時間管理すると先を見通す行動ができます。整理整頓ができると勉強の情報整理もできます。

例外的にこの３つができない天才系もいますが、レアケースです。

〝放牧〟すると、親は不安や焦りからも解放される

子育てしている人には、基本的に4つの欲求段階があります。

第1段階は生存の欲求で、子どもに**元気で生きていてほしい**と思う気持ちです。

第2段階は心身の成長欲求で、**心も体もすくすく成長してほしい**という思いです。

この次は、親の悩みが増えていく「苦悩モデル」と子ども主体の「安心モデル」に分かれます。

苦悩モデルの第3段階は、**子どもが平均からはずれない**ことへの欲求です。

先ほども述べたように、同年齢の子どもたちの平均値が気になり、自分の子どもを平均値に合わせようとします。すると、親が強制的に短所を是正しようとして、平均値以上のレベルを求めはじめます。

そのまま第4段階へ進むと、**親の思い通りにさせたい**欲求がさらに強くなります。

	【苦悩モデル】	【安心モデル】
（第1欲求）	生存の欲求	生存の欲求
（第2欲求）	心身の成長欲求	心身の成長欲求
（第3欲求）	平均からはずれないことへの欲求	子ども目線でいい部分を伸ばしてあげたい欲求
（第4欲求）	親の思いどおりにさせたい欲求	子どもの人生があると認め、個性を尊重したい欲求

子どもを「理想の枠」に入れるため行動を強制、制限するようになり、「枠」に収まらないと親子関係が険悪になることもあります。

安心モデルと苦悩モデル、たった1つの違いは？

一方、安心モデルの第3段階は、親目線ではなく**子ども目線でいいところを伸ばしてあげたい**と思う欲求です。この欲求があると、「子どもの短所は成長とともに変わっていけばいい」と気長に構え、子どものやりたいことを応援して長所をほめるようになります。

次の第4段階は、子どもには**子どもの人生があると認め、その子の個性を尊重する**気持ちが強まります。

苦悩モデルと安心モデルの違いは、たった1つ。前者は「同級生が比較対象」で、後者は「その子自身の成長過程が比較対象」なのです。〝放牧〟子育てをしていると、自然と後者になると思います。言うまでもなく、苦悩モデルのほうが親子のストレスがたまるため、〝放牧〟による安心モデルで子どもと向き合ってあげてください。

〝放牧〟すると、子どもの人生が幸福になる

中学受験経験者で高学歴の親の子育て相談には、子どものためというより親の自己満足のために、子どもに過剰なプレッシャーを与えているケースが多く見られます。

親自身に成功体験があると、「自分ができたんだから、子どもにもできるはず」と思ってしまうようです。

また、世間で「勝ち組」と言われる親は、さまざまな努力をして競争社会で勝ち抜いてきた自信と自負があります。それ自体は素晴らしいことですが、「自分は間違っていない。自分がやれと言ったことをやれば子どもも成功できる」と信じて疑わないケースが多いのです。

もちろん高学歴の親が学ぶことのおもしろさを伝え、仕事も人生も楽しんでいれば、子どもも「勉強すればいいことがありそうだ」と思うかもしれません。

子どもの成長を邪魔しないと決める

しかし、しつこく言いますが、「親と子どもは性格も才能も違う」のです。

弱肉強食のサバンナの世界で勝ち続けてきた親の成功体験を押しつけようにも、実際に立ち向かうのは、自分とは違う子どもです。

親自身が、「勝ち組にさせるためには◯◯しなければならない」と決めつけ、強引に子どもを自分が望む方向へ誘導しないように気をつけましょう。

もしも、親が自分の仕事に誇りを持っているのなら、その仕事がどんなに素晴らしく、どんなにやりがいがあるか、自分の考えを語って聞かせればいいのです。

親の見栄や世間体ほど、子どもの成長を邪魔するものはありません。たとえ親の思い通りに育てても、「自分の人生はなんだったのか？」と子どもに思わせてしまったら後戻りはできません。

「子どもが望むことを実現するために適切な環境をつくる」と親が決意すれば、やがてお子さん自身が自らの進路を自立的に選択していくはずです。

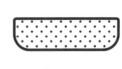

〝放牧〟子育てを始める前に、夫婦で話し合っておこう

子育ての悩みの裏には、夫婦の問題が隠れていることも少なくありません。

私が主宰する「Ｍａｍａ　Ｃａｆé」では、カフェスタイルのママたちの勉強会を7年以上続けていますが、その場でもよく「夫問題」が話題になります。

私も2人の子どもを持つ父親なので耳が痛いこともありますが（笑）、その多くは**「夫と子育ての考え方が異なる」「中途半端に口出ししないでほしい」**というものです。

また、夫が子どもに対して高圧的で、ちょっと無視されたり口答えされたりすると、逆ギレするという話もよく聞きます。

これは、男性のほうが上下関係の厳しい縦社会で働いているケースが多く、プライドも高いため、子どもを下に見てしまうからだと思います。

夫をなんとかしたいという声は多いのですが、大人になると、人はそう簡単には変わりません。そこで私は、「男性は大人になっても精神年齢が5歳くらいで止まっていると思って、子どもと同じように接するといいですよ」と話しています。

具体的には、**「ありがとう、うれしい、助かった、いいね」といったポジティブな声かけをして、ご主人の自己肯定感を高めてあげるのです。**

夫婦の役割分担を話し合う

夫婦の問題で、もう1つアドバイスしていることは、子どもの教育のなるべく初期段階で、よく話し合っておくことです。

一般的には、母親のほうが教育熱心なご家庭が多いので、母子だけで受験態勢に入ってしまうと、父親は途中でよけいなことを言って邪魔できなくなります。

実際、「Mama Café」の参加者も、ご主人は受験にコミットメントしていないご家庭が多く、あえて「旦那さんには口出ししてほしくない」とおっしゃる方もいます。そこまで母子態勢を貫き通す場合も含めて、**子どもの教育をどうするか夫婦で話し合い、お互い納得できる役割分担**をしていれば、夫婦間の問題はほとんど解消できるように思います。

「自分から勉強する子」になるきっかけは親が自分の人生を楽しむ姿から

人は心が満たされて自分が幸せであれば、他者にも寛容になれます。

大人も子どもと同じで、楽しく生きていると自己満足度が上がるため、人の欠点も気にならなくなります。

逆に、自分が楽しめることがなく、日々不満や不安を抱えてモヤモヤしている人は、他人のことが気になって無意識のうちに欠点やあらを探しはじめます。

この違いが顕著に表れやすいのが、子育て中の母親という状態なのです。

「子どもの悪いところしか見えずイライラします」という悩み相談も、これまで数えきれないほどありました。

今も毎日のように同じ悩みが寄せられますが、解決策はあります。

まず、**親自身が楽しいと思えることを最優先**することです。

おもしろそうなドラマや映画を観てもいいですし、甘い物が好きなら評判のスイーツを食べに行ってもいいでしょう。

旅行が好きなら、子どもと一緒に旅行に行って観光や食べ歩きなど親が楽しめば、子どもも自然と笑顔になるはずです。

悩みの原因はほとんど親の不安定な心にある

子育ての悩みの原因は、子どもではなく、ストレスをためこんでいる親の不安定な心から生まれているケースがほとんどです。

親が、不満や不安いっぱいのしかめっ面で、朝から晩まで「勉強しなさい」などガミガミ言っていたら、子どもの成績は伸びるどころかしぼんでしまうでしょう。

逆に、**親が日々ワクワクする感覚を持ち、人生を楽しんでいれば、その姿を見ている子どもにもワクワクが伝わって、やる気が出てきます。**

それをサポートしてあげると、いつか「化ける」瞬間が来るのです。

信じられないかもしれませんが、私が今まで見てきた子どもたちが**「自分から勉強する子」になるターニングポイント**は、まさにそこなのです。

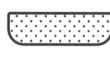

〝放牧〟子育てのコツは、子ども時代の自分に伝えるつもりで話すこと

みんな昔は子どもだったわけですが、親になると自分のことは棚に上げて、子どもに無理難題を押しつけてしまうのはなぜなのでしょう？

あなたがもし今、10歳の子どもだとして、「なんでできないの？」「勉強しなさいよ」「だからダメなのよ」と言われたら一気にやる気が失せますよね？

子どもの立場にならなくても、誰でもわかることです。

大人のあなたに対してパートナーや親から、「なんで料理できないの？」「ぐずぐずしてないで早く掃除しなさいよ」「だからアンタはダメなんだよ」と言われたら、どう思うでしょうか？

人格否定は完全なモラルハラスメントですし、**「やりなさい」と言われてやる気になるわけがない**と、自分が言われれば気づくはずです。

子どものころの自分に伝えるつもりで話す

そこで提案したいのは、自分に伝えるつもりで子どもに話をすることです。

私は以前、東洋経済オンラインの連載「ぐんぐん伸びる子は何が違うのか？」で、「20歳だった自分に伝えてあげたい『10のこと』」という記事を書きました。

これは、20歳に限らず何歳でも応用が利きますし、次のようなメリットがあります。

❶親が子ども時代の「気合、根性、努力」という古い価値観より、「楽しいこと、おもしろいこと、好きなことを大切にしてほしい」と現代の価値基準で伝えられる。

❷自分に伝えるメッセージなので上から目線のネガティブなことは言わなくなる。

❸親も自分の子ども時代を思い出すため、「親にこう言ってほしかった」「そういえば自分もできないことがいっぱいあった」など子どもの気持ちが理解できる。

ちなみに私が20歳だった自分に伝えたいことも、「自分の長所を生かせることをする」「好きなことを仕事にしている大人に会いに行く」など、今の自分の価値基準と同じことばかりです。この３つのメリットを意識して、ぜひお子さんと話をしてみてください。

「自分から勉強する子」に育つには〝放牧〟しはじめてからも大事

放牧をはじめると、最初はうまくいかないことのほうが多いでしょう。子どもはまだ知識も経験も少ないのですから、当たり前です。

心配になる気持ちはわかりますが、たとえ子どもが失敗してもその経験から学習することが自立につながります。親が先生役を演じるのはもうやめるときです。

危険がともなう行動はもちろん注意しなければいけませんが、そうでなければ不安を感じても**ぐっと我慢して見守ってあげてください。お願いします。**

親の管理が徹底していた子どもほど、放牧した途端に成績が落ちるのもよくある話です。そのときも親は口出しせず、本人の様子をよく観察してください。

すると親の管理がなくなるとどういうことが起きるのか、**自分で何を考え、どう判断すればいいのか、子どもなりに一生懸命考えはじめます。**

試行錯誤をくり返しながら、問題をひとつひとつ解決できれば、自分のことは自分でできる人間にどんどん成長して自立していきます。

徐々に自走させる方向に導く

もしも自分で解決できず悩んでいる場合は、相談に乗ってあげましょう。

たとえば、英語につまずいているようなら英語の勉強法だけ一緒に考えて、数学やその他の科目は自分でやるように促してください。

特定の教科の問題でなければ、勉強のやり方だけ伝えてあとは自分でやらせるなど、必要最低限のサポートをするにとどめて、親は段階的に手を放していきます。

そのように**徐々に子どもを自走させる方向に導いていけば、いきなり放牧されて大混乱することもなくなります**。

親が関われば関わるほど、子どもは自立しなくなることを忘れないでください。

よくできました！

牧場の柵を広げていく

動物の世界を人間に置きかえると、動物園から牧場に移行したあと、子どもの行動範囲が広がっていくのが一般的なパターンです。

赤ちゃんのころは完全な動物園ですが、未就学児、小学生、中学生……と成長するにしたがって自由な世界が広がり、自己判断、自己決定して行動することが増えていきます。

子どもを放牧している間、親は家庭で生活習慣や物事の善悪を教え、子どもが自分でできることを増やして自己肯定感を育みます。

親子で過ごす時間は少なくなっていきますが、牧場でさまざまな知識と経験を積み、失敗もして、自信を身につけた子どもは、社会という名のサバンナに飛び出して自分の力で生きていきます。

ちょっと待った！

牧場から動物園に引き戻してしまう

子どもを放牧しはじめると、危なっかしいことも多いので親の心配は尽きません。

その不安や焦りから子どもの行動をすべて監視、管理して思い通りにしようと枠に閉じ込めるとこのパターンに当てはまります。

子どもを信じて自由にさせることができず、親の管理下に置いたまま行動範囲を狭くして、動物園に引き戻してしまうのです。

そのため、いつまでたっても「親にやらされてる感」が抜けず自立心も育ちません。

中学生以降は身体も大きくなるので、親の口出しに我慢できない子どもは強い反抗を示し、暴力的になることもあります。

逆に、自分で考え判断することができない指示待ち人間になる可能性もあります。

見極め注意！

完全放置でサバンナへ放つ

牧場で子どもに生きる力を身につけさせる前に、完全放置してしまうパターンです。

知識や経験が少なく身を守ることも知らない子どもは、善悪の判断ができず、危険や悪い遊びに巻き込まれることがあります。

また、生活習慣や勉強もおろそかになりがちで、問題児扱いされたり成績が低迷したり、何かと問題を抱えやすくなります。

ただ例外的に、成熟が早く自立心が強い子の場合、軌道に乗るまで親は経済的援助だけすればうまくいくこともあります。

そういう子どもは、早くからやりたいことや人生の目的がはっきりしています。

高校生で起業したり、留学したりして、親元を離れて自立することもあります。

第4章

勉強しない子に勉強しなさいと言ってもぜんぜん勉強しないんですけどの処方箋

価値観を理解し合うとうまくいく！親子のタイプ別対処法

子育ての悩みの多くは、動物園型から牧場型へ移行できないことに起因しています。**一度、放牧するコツをつかめば、あとは子どもの成長に合わせて柵を広げていけばいいだけ**です。ところが理屈でわかってもそれが実行できず、いつまでも親が子どもを思い通りに管理してしまうと、問題が多発するのです。

「なぜそんなことをするのか、子どものことがよくわからない」「自分と違う性格でイライラする」という声もよく聞きます。これも、自分を基準に判断するからわからないのであって、子どもには子どもの基準、価値観というものがあるわけです。

それに気づくヒントが、**マルチタスク型、シングルタスク型**という発想です。

第4章では、「子どもには子どもの価値観がある」「子どもは親の思い通りには育たない」と理解したうえで、**では実際にどう対応すればいいのか、親子のタイプ別対処**

法についてお伝えします。これによって、〝放牧〟子育ても進みやすくなります。

欠点に見えていたことも、才能の片鱗として輝く

親が自分をチェックする際、自分が10代の頃どうだったかと思い出し、当時の傾向がどうだったかをチェックしてみてください。現在の自分の状態で判断すると異なった結果が出ることがあります。

というのは、たとえば本来はシングルタスク型でマイペースでも、その後、仕事の環境によってテキパキ動かざるを得ない状況になり、スキルとして迅速処理を習得することがあります。しかし、そのような方はスキルで実践しているだけであるため、本来の自分の特徴が変わったわけではありません。

このように、かつてどうだったのかという視点でチェックすると、本来の自分のタイプがわかります。また、それでもわからない場合は自分のことをよく知っている人（パートナーなど）にチェックしてもらうといいでしょう。

チェックは「傾向」としていずれかを選択してください。今回の簡易チェックテストでは、「どちらにも当てはまる」という回答はなしでやってみてください。

親と子どものタイプが、同じマルチタスク型やシングルタスク型の場合、お互いの価値観が似ているのでそれほど大きなトラブルは起こらないでしょう。

問題は、親と子のタイプが異なるケースです。

子どもは自分と違う判断基準を持っていると認識すれば、その子の好きなことややりたいことを尊重できるようになるはずです。そうすると当然、評価も変わるでしょう。**今まで欠点に見えていたことも、その子の才能の片鱗として輝いて見えるかもしれません。**親と子のタイプによって、とるべきアプローチ方法は異なりますから、ぜひそのコツを身につけてください。

あなたと子どもはどのタイプ？
マルチタスク型、シングルタスク型簡易チェックリスト

	A	B
めんどくさいという言葉を	よく使う	ほとんど使わない
メニュー表を見るときは	値段から見る	好きなものから見る
寝るとき、場所が変わると	寝られない	問題なく寝られる
周囲が気になって仕方ない	気になって仕方ない	気にならない
子どものころに集中力がないと	言われた	言われたことはない
仕事や勉強	テキパキとやる	マイペースにやる
自分はマルチかシングルか	わかる	よくわからない
人が早くやらないと イライラする	イライラする	イライラしない
熱しやすく冷めやすい？	その通り	そんなことはない
自分がどう見られているか	気になる	気にならない
天然と言われたことがある	ない	ある
先をすぐに見通してしまう？	見通してしまう	見通さない
まとめ役になってしまうことが	よくある	あまりない
マニアックな趣味を持っている	持っていない	持っている
人にまかせられずに 自分ですべてやってしまう傾向が	ある	ない
○の数を数えて記入しよう⇨		

Aが多かった人…　マルチタスク型　（親の特徴98ページへ　子どもの特徴100ページへ）

Bが多かった人…　シングルタスク型　（親の特徴102ページへ　子どもの特徴104ページへ）

マルチタスク型

親の特徴

無駄なことを嫌い、損得でものごとを考える

マルチタスク型はその名の通り、さまざまなタスクをマルチにこなすことができるタイプです。

いろんなことに気がつく半面、１つのことになかなか集中できません。

能力が上がってくると仕事や家事などいろんなことを同時並行的に進めることができるようになり、キャパシティが広がっていく人もいます。

何をするにも最短コースでゴールに到達したいため、効率性を高める計画、ノウハウ、時間管理などの仕組みづくりが好きです。

また、無駄が嫌いで秩序を重んじます。

すべてにおいて損得の価値観を重視する合理主義者ですから、お金の管理も上手な人が多いです。

《マルチタスク型（親）の特徴》

- 空気を読むほうだ
- 人の目が気になる
- 集中力は長く続かず、気が散りやすい
- メニューは値段から見る
- 「めんどくさい」という言葉をよく使う
- 好きなことそのものより、
  好きな理由に才能が隠れていることが多い
- 集団をまとめるのが得意なリーダータイプ
- 他人の言葉に傷つきやすい

全教科平均点以上できる子が多い

自分に関心のないことや、やりたくないことでも、親に言われたことは比較的よく聞くほうです。

食事も、お肉や野菜などバランスよく食べようと努力します。勉強も、特定の教科だけ突出して秀でているというより、全教科平均点以上はできる子が多いです。服や物を選ぶときもあまりこだわりがないので、「なんでもいい」「ママが決めて」とよく言います。

一方、細かいことに気がつきやすいので、場所が変わると寝られなかったり、勉強も決まった場所でないとできなかったりします。

10歳までは表面的にシングルっぽく見えた子も、成長とともにマルチの要素が強まっていく場合が多いので、まだ10歳以下の子は、タイプを決めつけないほうがいいでしょう。

《 マルチタスク型（子ども）の特徴 》

- 選ぶときに「なんでもいい」と言う
- 周囲の様子をよく見ている
- ケンカはしたくない
- 失敗するのが怖い
- なんでもそつなくこなせるほうだ
- 全教科まんべんなく点数をとれる
- 集中力は続かない
- 手帳に計画やスケジュールを書くのが好き

シングルタスク型 親の特徴

マイペースで、人に言われたことに振り回されない

このタイプは、自分が好きなことや興味があることに対しては没頭し、どっぷりハマりますが、それゆえまわりが見えなくなりがちです。人の目や意見はあまり気にならないので、空気が読めないと言われることも。

そのときの気分で物事を決めがちで、メニューを見ると値段など見ずに「これおいしそう、食べたい！」と感覚的に選びます。後で値段を知ってびっくりすることもありますが、「まあいいや」とあきらめも早いほうです。

計画性はほとんどなく、秩序や仕組みもそれほど重視しません。マイペースなので、人に言われたことに振り回されることはあまりなく、やりたくないことを無理してやることもありません。

計画性や秩序などはスキルとして後天的に獲得できますが、このタイプは計画的に行うことを好まなかったり、計画的に行うと疲労感が残ったりする傾向にあります。

《シングルタスク型（親）の特徴》

- 好きなことに対する集中力がすごい
- 人の目や周囲は気にしない
- やりたいこと、やりたくないことがはっきりしている
- 面倒なことは最初からやらない
- 仕組みのような枠にはこだわらない
- 特定の領域に関する知識に詳しい
- 片づけができない
  片づけても特定のエリアや物にこだわる
- 専門職の才能や、新しい仕事をクリエイトする才能がある

シングルタスク型 子どもの特徴

いわゆる天才型に多く、偉業を果たすことも

シングルタスク型の子は、全体像を見るより何か1つのことに深くハマりやすい傾向があります。親の言うことはあまり聞かずマイペースで、天然系にも見えます。

好きなことへの探究心が強く、納得するまで調べたり、試行錯誤をすることもあります。たとえば虫や鉄道が好きな子は、図鑑を見るなどして好奇心や知識欲を満たそうとします。

幼い子どもは五感が敏感で好き嫌いがはっきりしているため、シングルタスク型に見える場合もありますが、成長とともにマルチタスク型の要素が強まる子もいます。10歳を過ぎてもシングルタスク型の特徴が顕著な子どもは、研究者、クリエイター、専門職、起業家などに向いているといえます。

このタイプはいわゆる天才型に多く、世の中を変えていくような偉業を果たすこともあります。

《シングルタスク型（子ども）の特徴》

- 好きな食べ物から食べて嫌いなものは絶対に食べない
- その時の気分や感覚で服を選ぶ
- どこでも集中できる
- 場所が変わっても寝付きはいい
- 「やりたくない、行きたくない」とよく言う
- 親の言うことはあまり聞かない
- 好きなことに熱中しやすい
- 計画性はほとんどない

親子の組み合わせ
4タイプ別対処法

マルチタスク型**親**
×
マルチタスク型**子ども**

親に言われたことを子どもが比較的素直に聞く

親も子どももマルチタスク型の場合、どちらも損得基準で生きていますから、親に言われたことは子どもも比較的素直に聞きます。

ノウハウや、仕組み、仕掛けづくり、スケジュール管理など、親が得意なやり方を子どもの生活習慣や勉強にも導入してみて、その子がハマるやり方を見つけてあげるといいでしょう。勉強することがどれだけ〝得〟なのか説明すると、本来の力を発揮し、学校の成績もまんべんなく上がっていくこともあります。

このタイプの子は、環境に左右されやすい傾向もあります。集中力が続かず気が散りやすい面もありますので、ある程度の年齢になったら、雑音がない子ども部屋で勉強するほうが向いているでしょう。ただ本人が、親がそばにいるリビングで勉強したいというなら、ドリルやプリントを1枚ずつタイマーで計ってゲーム化すれば、雑音があっても集中できます。長時間の勉強は続かないので、10分単位くらいで細切れにやらせる方法が効果的です。

また、最初に全体像を把握させると、物事を理解しやすくなります。歴史の勉強で言えば、最初にマンガで通史をザーッと読んでみて、その中で興味を持った時代から入っていく進め方です。

ただ、私もマルチタスク型なのでわかるのですが、物事を損得で考えてばかりいると、却って損する可能性があります。

ですから、好き嫌いの価値観を大切にしてあげるのも子どもにとっては必要なことだと意識して、好きなことをやらせることも大事です。

親子の組み合わせ
4タイプ別対処法

マルチタスク型 **親**
×
シングルタスク型 **子ども**

好きなことをやらせて自己満足度を高めることが大事

この組み合わせは、お互いの価値基準の違いを理解できないと問題を引き起こしやすくなるため、子育ての相談件数がもっとも多いです。

マルチタスク型の親は自分のやり方で管理するのが好きなので、子どもにもいろんなことをやらせようとします。ところが、シングルタスク型の子どもは、好きなことは集中してやりますが、それ以外のことは後回しにするか、そもそもやりません。「これをやっていれば将来、役に立つから」といった損得の話も響きませんから、親子バトルになりやすいのです。

シングルタスク型の子には、好きなことを思う存分やらせてあげて、納得できるまで自己満足度を高めてあげることが大事です。すると、興味がないことでも「やってもいいか」と移行しやすくなります。

マルチタスク型の親からすると、このタイプの子どもが見ている世界がよくわからず対応の仕方に悩むという人がいますが、一緒に楽しんでしまえばいいのです。

自分が知らない世界を子どもが見せてくれるわけですから、「むしろ喜びを感じたほうがいい」といつも話しています。

広く横展開したい親と違って、縦に深く掘り下げていくシングルタスク型の子どもは没入感を重視しますので、好きな本や図鑑を買い与えてあげるのもおすすめです。

ただ、シングルタスク型はなんでもそつなくこなす生徒が評価される内申点がとれず苦労するケースがあるので、公立中学から高校受験するより中学受験向きです。

親子の組み合わせ
4タイプ別対処法

シングルタスク型**親**
×
シングルタスク型**子ども**

才能の芽をつぶさないように、適切な環境を与えよう

この組み合わせは、親も子どもも好き嫌いがはっきりしているので、それぞれ同じジャンルの趣味が好きな場合は同志のようになり、会話も盛り上がります。

逆に好きな領域がまったく違う場合は、「それのどこが好きなのか全然わからない」と排斥し合うことがあるので、親が先に子どもの「好き」を理解して寄り添います。

親も子もお互い「自分が正しい」と譲らなくなると関係が悪化するので、家庭に多様な価値観が生まれるととらえて、「それもいいよね」と認め合いましょう。

シングルタスク型には天才肌が多いのですが、親が才能を引き出したというより、才能の芽をつぶさないように邪魔せず、適切な環境を与えた要因が大きいです。

たとえば、幼児期に、大人が書いている字に興味を持った子がいるとしましょう。

その場合、「字が好きなんだね。自分で書いてみる?」と「好き」を見つけるきっかけを与える。そして、実際に字を書きはじめたら、ひらがなの見本や落書き帳を用意して好きなことに集中できるようにサポートする。

そのあとは、子どもがやりたいだけやらせます。すると、小学校2年生で漢検5級

（小6修了程度）に合格するような子が出てくるのです。注意すべき点は、「字を書いたら、せっかくだから計算も覚えようね」などと他に誘導しないことです。

親もシングルタスク型だと、自分の「好き」を子どもに押しつけることがありますが、違うものが好きな子にそういうことをしても険悪なムードになるだけでしょう。

それよりも、子どもが伸びるペースを邪魔せず自由にやらせて、本人が物足りなくなったら希望するものを買い与えてあげる程度で十分です。

親子の組み合わせ
4タイプ別対処法

シングルタスク型 親
×
マルチタスク型 子ども

親が好きなことを楽しむと子どもは自主的に動く

シングルタスク型の親は、周囲の情報を敏感に感じとるというよりも、ライトな感じでふわっとした感じの方が少なくありません。

基本的にマイペースで、自分の仕事や趣味に没頭しやすいですから、情報に振り回されることもなく、子育てにもそれほど深刻に悩みません。

実際、相談件数がもっとも少ないのもこの組み合わせです。

たとえ悩みがあっても、聞いてみるとたいした悩みじゃないケースがほとんどです。

それだけ、子どもを管理しようとすることが少ないため、損得で考えるマルチタスク型の子どものほうから自主的に動き出します。

すると、自発的に勉強にハマった子は上位校に受かっていきます。

以前、難関中学にたくさん合格者を出している塾の先生にも聞いたことがありますが、御三家クラスに入るレベルの子どもの親も、シングルタスク型が多いそうです。

東大生のアンケートで、「親から勉強しなさいと言われませんでした」という回答がいちばん多いのも、この組み合わせが多いからだと私は見ています。

要するにこれは、「親に勉強しなさいと言われなくても、子どもは勝手に勉強する」パターンで、子育てにおいてはいちばん楽な組み合わせなのです。

親は、自分ができないことをがんばってやろうと無理しませんから、親ができないことをマルチタスク型の子どもが補うこともあります。

そのくらいバランスがいい組み合わせですから、親は親の好きなことを楽しみながら、子どもの自律性と自立性に任せていけばいいでしょう。

どんな組み合わせの親子だって大丈夫！「自分軸」を持てばうまくいく

親と子がどのタイプの組み合わせでも、うまくいく条件があります。

それは親が**「自分軸」を持つこと**です。

自分軸で判断するためには、物事の見方や考え方において、次の3つのアプローチを意識してください。

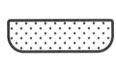

❶ 価値観には正解がないことを自覚する

親が子育てや教育の情報に振り回されてばかりいると、子どもも振り回されて困ります。

マルチタスク型でもシングルタスク型でも、価値観には正解はありません。

自分はどう思うか、自分はどう感じるかという話ですから、他人が自分の価値観と異なるからといって、不安になる必要も否定する必要もありません。

そもそも人と人は異なっていることが自然な状態ですから、**自分の価値観を信じて、自信を持って、落ち着いた態度でいれば、子どもも安心して親を信じることができます。**

❷アリの目ではなく鳥の目で俯瞰的に見てみる

「子どもがゲームばかりしていて勉強しない」とき、目先の状況だけで事態を改善しようとすると、「ゲームをやめさせて勉強させなければいけない」という判断をしがちです。

もちろん、それでうまくいくこともありますが、「子どもは今ゲームに夢中になっているけれども、そもそもこの子の長所や才能は何だろう？」と、視点をぐっと引き上げて俯瞰して見ると、「いったん夢中になると納得できるまでやめないこだわりの強さがある」という長所に気づくかもしれません。

「勉強はやらなければいけないこと」だと自覚している子は、その集中力がいったん勉強に向かったら、ものすごい才能を発揮することがあります。

そんな事例は数え上げればキリがありません。

子どもを至近距離で観察するアリの目も大事ですが、**遠い所から俯瞰して見る鳥の目を持つと、表面的な情報に振り回されなくなります。**

❸あふれる情報を区別して振り回されないようにする

世の中にあふれる情報は大きく3つに分けられます。

1つめは「単なる情報」です。

たとえば「小学生の教科書にQRコードが入って、グループワークが中心となるらしい」といった情報です。

2つめは、「試してみる価値がある情報」です。

子どもは、「ほめて育てるほうがいい」という情報もあれば、「ほめない子育てがいい」という情報もあります。

どちらがいいのか迷うのであれば、どちらも試してみて、自分の子どもに合ったほうを選択すればいいでしょう。

3つめは、「振り回されてしまう情報」です。

これは、直接的に自分たち親子に関係がないにもかかわらず、親を不安がらせたり、焦らせたり、モヤモヤさせたりするようなネガティブな情報です。

興味があることは、エビデンスがはっきりしている本を読むなどして、知識として知っておいても損はないと思います。

しかし、不必要にそのような情報に振り回されてばかりいると精神的に疲弊するだけですし、子どもにも不安が伝わりますから、余計な情報は最初から見ないように遮断するか、いったん受け取っても知らなかったことにして頭から捨ててしまえばいいのです。

この３つを習慣化できれば、「自分軸」を持つことができます。

ブレない軸を持っている親ほど自分を信じ、子どもを信じることができるため、子どもを手放すことも自然とできるようになります。

子どもが牧場へ出て行って伸び伸びと成長するためには、そのような親の信頼、安心、安定が必要なのです。

まとめ

- 「マルチタスク型」「シングルタスク型」という発想で親子の価値観に気づく
- 親子のタイプによってとるべきアプローチは異なる
- うまくいく条件は、親が「自分軸」を持つこと

①価値観には正解がないことを自覚する
②アリの目ではなく鳥の目で俯瞰的に見てみる
③あふれる情報を区別して振り回されないようにする

第５章

勉強しない子に勉強しなさいと言ってもぜんぜん勉強しないいんですけどのカウンセリング

お悩み件数ナンバーワンは、「自分から勉強をしてくれません」！

この章では、私のもとに毎月寄せられる相談の中でも特に多い、典型的なお悩みをピックアップして、３つの子育てステージをふまえた対処法を説明します。

アンケートをとると、次のような子育ての悩みが多いのですが、あなたに当てはまるものはあるでしょうか？

「自分から勉強をしてくれません」
「ゲームやスマホばかりして困っています」
「親の言うことを聞いてくれません」
「約束したことを守ってくれません」
「親に反抗して口答えをします」

「自分と性格が違うからイライラします」

「自分が仕事や家事で疲れて、気持ちの余裕がありません」


もし１つでも同じ悩みがあれば、この先を読み進めていただいて損はないでしょう。

ただし、人それぞれ自分が育った環境や、子どもを育てている環境も違えば、親と子の性格も考え方も違います。

万人に通用する最適解はありません。だからこそ、「自分の子どもをどう育てればいいかわからない」という悩みが普遍的な課題なのです。

ここから先のアドバイスも、**自分と子どもに置き換えるとしたらどうすればいいか、**考えながら読んでください。

そして、実際に試してみて、**効果がなければ次の対応を考えましょう。**

どんなときも意識してほしいのは、自分の子育てが動物園型、牧場型、サバンナ型のどのステージのどの段階に位置しているか自覚することです。

残念ながら、子どもの成長に合わせてステージを移行できない方は少なくありませんので、その根本問題を知るだけでも向き合い方が変わるはずです。

ではまずQ&Aに入る前に、「子育てでイライラすることはありますか？」というアンケート結果を見てみましょう。

回答者は、「Mama Café」に参加者したことがある242名のママさんです。「よくある」（38・4％）、「たまにある」（52・9％）を合わせると、実に9割以上の方が、子どもにイライラすることがあると回答しています。

私から見るとこの数字はとても現実的で、教育熱心な親ほど子どもにイライラするのです。

では、「ほとんどない」（8・3％）、「ない」（0・4％）と回答した親は、何が違うのでしょうか？

それは、「子どもにイライラする人ほど動物園型から抜け出せていない」「牧場型で子どもを見守っている人ほどイライラが軽減する」ということです。

動物園型を続けている親は、**子どもの世話だけでなく仕事や家事の忙しさも重なって、気持ちの余裕がありません。**

そんな状況でイライラしてしまうのは仕方のないことです。

Q&Aでも、この動物園型のイライラが前提になっている悩みが多いので、どうすれば子どもから手を放していけるか考えてみましょう。

アンケート結果

子育てでイライラすることはありますか？

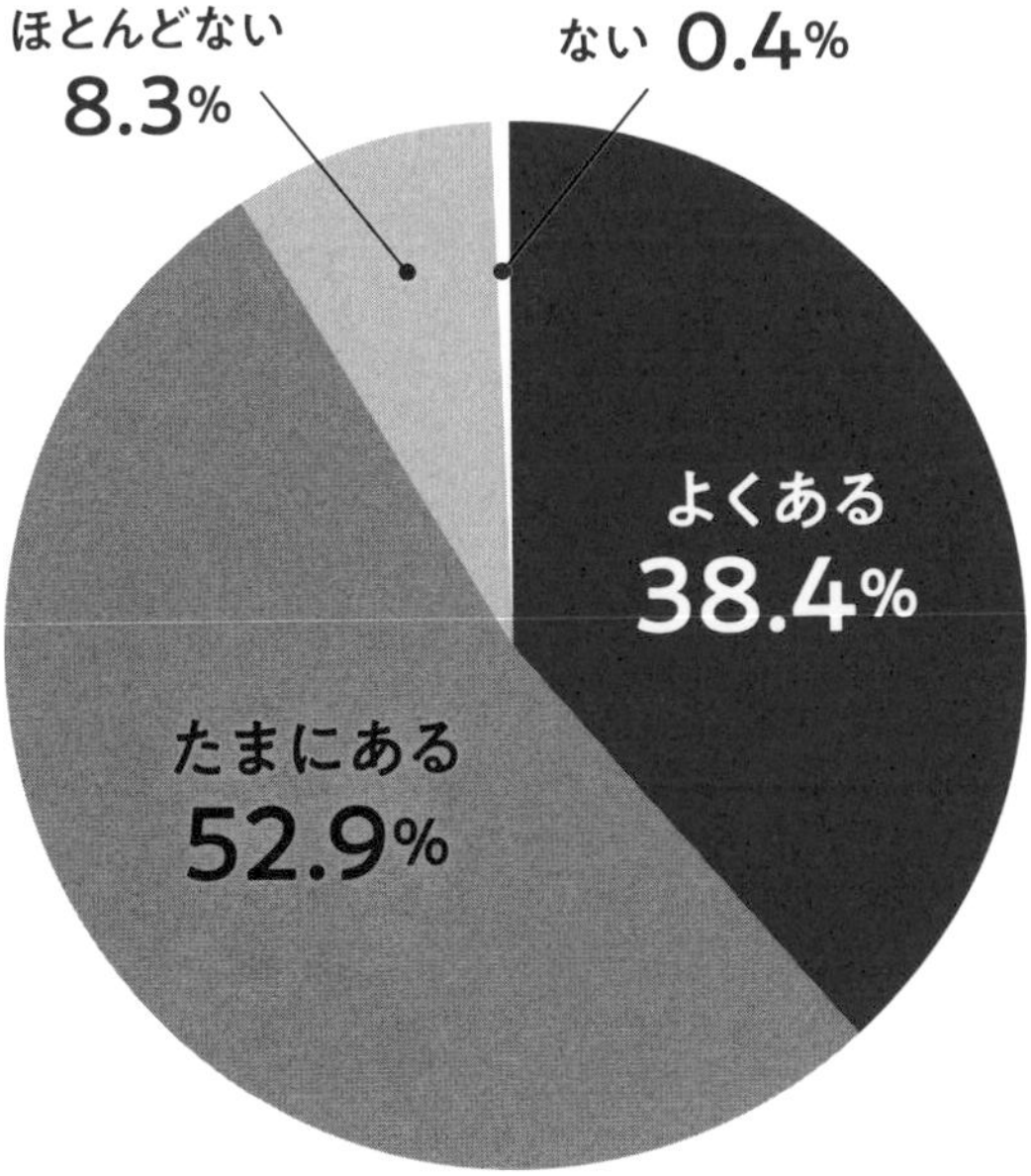

回答：Mama Café 参加者242名

Q

ゲームばかりして勉強をしません。
「ゲームはやるべきことを終わらせてからやる」
というルールも守りません。

A

「ルールを決めて破ったときは必ずペナルティを科す」
「子どもが自己管理できる精神年齢に達していれば、本人の自主性に任せる」
ご家庭の方針でどちらかを選択してください。

ゲーム・スマホ問題は、小中高生のお子さんを持つ親からもっとも多く寄せられる悩みです。

そのため、今までメディアや著書でくり返しアドバイスしてきましたが、同じような相談が一向に減らないため、本書でも改めてお伝えします。

スマホやゲームを買い与える際、使用時間のルールを決めているご家庭は多いのですが、ペナルティを決めていない、もしくは決めていても実行していないケースが少なくありません。

つまり、**親がペナルティの約束をつい忘れるなどの理由で守られていないため、子どもも約束を守らなくなっているのです。**

言ってみれば、牧場の柵を張らない状態でスマホやゲームを使わせてしまっているため、動物園型に引き戻すこともできず問題が起きているわけです。

ルールを破ったときのペナルティを決めたら必ず実行する

そこでこの場合は、次の手順でルール決めを徹底してください。

まず子どもの意見や希望を聞きます。次に親の意見や希望、注意点を話します。

このとき、スマホ中毒の危険性や長時間スマホによる生活リズムの乱れ、ネット犯罪や個人情報流出など、スマホがもたらす弊害と注意点も伝えます。

そのうえで、1日もしくは週単位の使用時間、スクリーンタイムの時間制限など、お互い納得できる着地点でルールを決めます。

親が一方的にルールを決めると、子どもは問題が起きたときに親のせいにするので、**必ず本人と一緒に決めてください。**

最後に忘れてはならないのが、ルールを破ったときのペナルティです。

子どもは必ずと言っていいほどルールを守りません。

ですから、3日間もしくは1週間使用禁止、テストまで使用禁止などペナルティを設定して、約束を破ったら何を言われても必ず実行してください。

その場合、子どもが逆ギレし、「言った、言わない」問題に話をすり替えて言い逃れをすることがよくあります。

そこで折れてしまうと、子どもは「親は決めたルールを実行しない」ことを学習し、ますます好き勝手にやりはじめます。

厳しい言い方になりますが、ゲーム・スマホ問題の悩みのほとんどが、この「親の甘い対応」によるものです。

子どもに言い訳をさせないためには、**決めたことを紙に書かせて目立つ所に貼るか、話し合った内容を動画撮影して記録を残しておくこともおすすめです**。これはかなり効果的で、子どもがゲームの時間を守るようになったという報告をたくさんいただいています。

次の選択肢は、**子どもの精神年齢によりますが、中学生以降であれば自主性に任せ**

てしまう方法もありでしょう。

もちろん、金銭的問題、犯罪的問題が生じないように注意点はしっかりと伝えます。未成年がネット経由で犯罪に巻き込まれる事件も多発していますから、実際に起きた被害の例も挙げながら、ネットの危険を回避するためにどうすればいいか、親子で話し合ってください。

その上で、本人が自己管理できると言うのであれば、いったん任せてみます。

ただし、生活の乱れや金銭、犯罪面の問題の注意喚起のためにも、**定期的に親子で話し合う必要はあります。**

問題が起きた場合の**ペナルティ**も決めてください。

どちらの選択肢も、お互いが納得するまで話し合い、ルールを決めるなら「守れるレベル」のルールを決めることがポイントです。

ゲームやネットの世界にも、目に見えない柵を張り、問題が起きたら子どもにとってリスクになることをしっかり伝えましょう。

Q

親の言うことを聞かず、思い通りに動いてくれません。

A

子どもが親の思い通りに動かないのは当たり前と思ってください。子どもを変えようとするのではなく、親が変わりましょう。

これも非常に多い悩みなのですが、いつも不思議に思います。

皆さんは親になるまで、さまざまな人間関係を経験して当然わかっているはずなのですが、**人が自分の思い通りに動いてくれることなどまずありませんよね。**

ではなぜ、子どもは自分の思い通りに動くものだと思ってしまうのでしょうか？

それは、親子関係が上下関係になっているケースです。

極端な言い方をすると、親が権力者で、子どもに服従させる支配関係になっているようなものです。

「自分はそんなつもりはない」と思った人がいたら、子どもに命令形を使っていないかどうか振り返ってみてください。

「○○しなさい」とよく言っていたら、学校の先生が生徒に言うことを聞かせるのや、上司が部下に命令するのと同じく、上下関係になっています。

子どもにとって親は「格上」ではなく「対等」な存在

しかし、**子どもは親のことを自分より格上だと思っていません。**

格上と思っていたら、親にタメ口で話したり口答えしたりしませんよね。

親はいつも身のまわりの世話をしてくれて、そこにいるのが当たり前の存在ですから、子どもからすると**上下ではなく「対等」という感覚に近いのです。**

もちろん、子どもですから親に対して「好き」「楽しい」「おもしろい」「すごい」「かっこいい」「頼りになる」といった気持ちはあります。

でもそれは、格が上ということとは別なのです。

ですから、まず親が子どもと対等な立場であることを自覚し、自分の思い通りにしようとする考え方を変えれば事態は好転します。

子どもはまだ人生経験が浅いですが、一個人として尊重し、わからないことやできないことがあっても、命令するのではなく教えてあげてください。

たとえ、親が望むようにできなかったとしても、それがその子の成長のペースです。「自分でできる？　やってみてごらん」と少しずつできることを増やしていけば、牧場型へ自然と移行していきます。

子どもの意見を尊重し、自分の意見も言いつつ、折り合いのつく方向へと持っていけば、自己肯定感をへし折ることなく成長を後押しすることができます。

一方、動物園型がやめられない親は、子どもの意見より親の意見を通そうとします。「親の言うことは黙って聞きなさい」「言われた通りにやればいいの」などと言っているケースがそうです。

しかし、子どもを牧場に放つためには、自分で判断、行動させなければいけません。たとえ親の思い通りにいかなくても、「そういう考え方もあるんだ」「そういうやり方が好きなんだね」と、受け止めてあげましょう。

すると子どもは、自分で真剣に考えて動かざるをえなくなります。もし失敗しても、また次の方法を自分で考えはじめます。

それでも困ったときだけ、親がサポートしてあげればいいのです。

Q

小学3年生の息子に自主性がありません。図書館、科学館、キャンプに連れて行くとか、テニスの習いごともさせていますが、結局ゲームしか興味がないようです。子どもが好きなことを見つけて自分から動くようにするために、親はどうすればいいでしょうか？

A

今のままで十分です。親が「好きなことを見つけさせたい」と思わなくていいです。

子どものことを思うあまり、「親が何かしなければいけない」「子どもの才能を伸ばさなければいけない」という強迫観念にかられているのは、典型的な動物園型の子育てです。

こういう相談に対して**私はいつも、「親はそんなにがんばらないでください」とお答えしています。**

親ががんばればがんばるほど、子どもはやる気をなくします。

この相談内容の場合、いろいろ経験させているだけで十分でしょう。

どんな経験も、子どもにとって無駄なことはありません。

子どもが興味のないことを経験してみるのも大事ですし、今は興味がなくても、何かのきっかけで将来につながることもあるかもしれません。

子どもが何も興味を示さないからといって、「まだ好きなことが見つからない」「この子は何に興味があるんだろう」と親がいろいろ考えること自体、すでにがんばりすぎです。

相談内容だけでは、はっきりとはわかりませんが、遊びに行く先や習いごとも、親が主導して決めていないでしょうか。

子どもが自分から「行きたい！　やりたい！」と言ったのであれば、多少なりとも興味を示すはずです。

仮に、本人の希望で行ってみたり、やらせてはみたりしたけれど、「やっぱり思っていたほどおもしろくなかった」と言うのであれば、自主性がないという相談にはならないと思いますから。

親が主導して何かをやらせるのはやめる

結論としては、「親が主導して何かをやらせるのはもうやめる」ということです。

もし、連れていきたい目的地があるのなら、「こういうところがあるけど行ってみる？」と本人に説明して希望を聞いてみて、**「行ってみたい」と言ったら連れていってあげてください。**

それで興味を持ったら、また行きたいと言うでしょうし、つまらなさそうな様子だったら、それっきりで終わりにすればいいのです。

習いごとであれば、最初にお試し期間を決めるのも１つの方法です。

子どもが最初から嫌がっていたら無理にやらせる必要はありませんが、興味はあっても迷っていたら、「とりあえず３カ月だけやってみて、その後どうするか決めようか？」と相談します。

そして、３カ月たったところで、続けるかどうするか本人に決めさせます。

親は選択肢を与えるだけで、どうするか判断、決定するのは子ども自身です。

そこを間違えないようにしましょう。

Q

小学6年生の息子が塾で成績が落ちて、「どうせ……」とふてくされるようになりました。志望校も今の偏差値で届きそうな学校に変更したいと言い出しました。塾からは「夏休みまで志望校を変えずにやっていきましょう」と言われています。本音は違って見えるのですが、息子の希望に添うべきか悩んでいます。

A

「どうせ」とふてくされるのはプライドが高い証拠。向上心があるお子さんです。そういうときこそ受験指導のプロである塾の先生に相談しましょう。

受験生の心理は複雑です。

特に6年生の受験学年ともなれば、子ども自身もどうすればいいのかわからなくなることもあるでしょう。

そういうときこそ、**受験指導のプロである塾の先生にお子さんのことを相談してください。**

子どもが親に見せる顔と、塾の先生に見せる顔は違います。

「家では志望校を変えると言っていますが、本音ではないように見えるので、先生から話をしてもらえますか？　私では手に負えないので、フォローしていただけると助かります」

と、先生にお願いすれば子どもに話をしてくれますから。その内容も後で報告してもらえばいいのです。

同じ話でも、親より第三者から言われたほうが子どもは納得しやすいものです。

私だったら「いいよ」と言います

ちなみに、「私の子どもがもし同じ状況だったら……」という仮定でお話しすると、本人が志望校を変更したいと言ってきたら「いいよ」と言います。

なぜかというと、子どもは「きっと親から止められるだろう」と予測して、志望校を落としたいと言い出すことが多いのです。

すると、ダメと言われるほどやりたくなる反作用の法則で、志望校変更を止められると、逆に信念が強くなります。

ですから、あっさり認めてもらえると「えっ？」とびっくりして、「本当に変更していいのかな？」と真剣に考えはじめます。

つまり、自分の人生に関する大きな判断、決定をすることになるので、動物園から牧場に飛び出す絶好のチャンスなのです。

その判断が本当に正しいのかどうか試す意味でも、認めていいと思いますが、これはあくまでも私の場合です。

いちばんやってはいけないのは、親が説得して志望校を変えさせず、強引に受験させることです。

そうすると動物園型に引き戻すことになり、たとえ合格して進学しても、親が決めたレールの上を歩くことになります。

何か問題が起きたら、「親のせいで」と思うかもしれません。

志望校を変えるにしても変えないにしても、**最後は本人に決めさせましょう。**

Q

小学2年生の息子の欠点ばかり目について
長所がわかりません。

A

短所を長所に変換してみましょう。

子どもはもともと「できなくて当たり前」です。

ところが、長所が見つからないという親ほど、なんでもできて当たり前だと思っています。

たとえば、あいさつができる、勉強ができる、片づけができる、本を読める、ピアノの練習をする、時間を守る、自分から歯磨きや入浴もする……などです。

これらはすべて「親が長所と認めている〝できるはず〟のこと」ですから、できないと短所にされてしまうのです。

しかし本来、長所はその子の個性で、親が望むことが長所ではありません。

そこでぜひ、**短所に見えているお子さんの個性を、たとえば次のように長所に変換してみてください。**

飽きっぽい→幅広い経験ができる
すぐにあきらめる→見切りが早い
生意気→上下関係にこだわらない（ベンチャー向き）
落ち着きがない→エネルギーがあり余っている
動きが遅い→自分のペースを大切にできる
面倒くさがり→合理主義

このように、短所はほとんど長所に言いかえることができます。

また、**日常生活の出来事で、子どもがワクワクしたり、楽しんだり、夢中になっていることも、立派な長所です。**

・好きなマンガやアニメに夢中になっている。
・学校の遠足や修学旅行が楽しい。
・友だちと遊びにいくたびにワクワクして楽しんでいる。

こうしたことはすべて「心が上向きにある」状態です。
心が上向きになれることこそ、そのお子さんのいちばんの長所なのです。

どんなに勉強ができて、習いごとが上達しても、心が下向きで表情が暗ければ、本人にとってそれは幸せとは言えないでしょう。

子どもの心を上向きにするのは、「楽しい！　ワクワクする！　夢中になれる！」こと。

そこにお母さんの笑顔が加われば、長所はどんどん伸びていくものです。

Q

高校2年生になる娘が、将来やりたいことがわからないと悩んでいます。親はどういうアドバイスをすればいいでしょうか。

A

やりたいことは長所とつながります。お子さんの成長過程を振り返りながら、長所や興味関心があることを伝えてあげてください。

中学校、小学校、幼稚園や保育園までさかのぼって、そのお子さんがどんなことに夢中になってきたか、何に興味関心を持っていたか、思い出してください。

子どもと会話しながら、「今までいちばん楽しかったことは何？」「好きなことを5つ挙げるとしたらなんだろう？」と質問しながら、思い出してもらってもいいでしょう。なぜなら、**高校生といえども、まだ自分を客観視することはできない**からです。

将来何をやりたいかわからないときは、過去を振り返って自分では意識してこなかった長所や才能に気づかせてあげると、自分を客観視するヒントになります。

そのヒントを、**進路選択の判断基準**にして、将来のことよりまずは大学で何を学びたいか、何に興味があるか考えたほうが現実的です。

遠い先のことは大人でもイメージがわきませんよね。

それよりは身のまわりの興味関心に視点を近づけて、お子さんの適性を考えてから、進路を選んだほうがいいでしょう。

おしゃべりが好きな子だったら、コミュニケーションや人間関係について学べる学部がいいかもしれません。社会問題について関心がある場合は、そのようなテーマについて学べる学部学科を一緒に探して選択肢を与えてあげるといいでしょう。

子どもの適性を考えるヒントも、長所の見つけ方と同じで、結局は「夢中になれる、ワクワクする、楽しいと思える」ことです。偏差値で選ぶ前に、子どもが興味関心あるテーマを絞り、最終的には本人に決めさせてください。

大学時代は、親離れ子離れするためのいちばん広い牧場に放つ時期です。

行き先を親が決めてしまったら動物園に逆戻りしてしまいますから、それだけは避けるようにしてください。

Q

中学受験塾に通っている娘がいます。毎日、時間が限られているのに、起きる、着替える、食べるのがとにかく遅いです。宿題は一夜漬けで、親の計画は拒否して自分で計画を立てていますがその通りにできません。勉強もていねいさに欠けて途中式を書かないため、注意すると「いいの！」と大声を出します。そのくせ私には隣にいてほしいと要求してきます。

A

中学受験のタイムマネジメントを子ども自身でやることは不可能です。親にマネージャーを任せてもらうか、中学受験をやめるか、どちらか本人に判断してもらいましょう。

子どもが大声を出して口答えするということは、親もキツいことを言っているのではないですか。

ただ、生活習慣のペースが遅いのはその子のリズムですから、仮に何かを早めたとしても全体的なバランスが崩れる可能性があります。

ですからまずは、そのリズムに合った量に宿題を減らすことが１つの方法です。

今の量が10あるとしたら、半分の5に減らす。それでも多いときは3に減らす。その上で、毎日の計画を本人に立てさせて、予定通り進められるようであれば、それがその子のペースだと割り切ったほうがいいでしょう。

親がマネージメントするか中学受験をやめるか、選択肢は2つ

それが難しい場合は、次の2つの選択肢を与えて子どもに判断してもらいましょう。

1つは、タイムマネジメントを全面的に親に任せてもらって、親がマネージャー役として子どもをサポートしながら、二人三脚で中学受験に挑む方向です。

前にも触れたように、小学生はまだ時間の概念がわからないので、自分でタイムマネジメントはできないからです。

中学受験はかなり特殊な世界ですから、動物園型で親がガチガチに勉強内容もスケジュールも管理したほうがうまくいくケースが多いのも、それが理由です。

親の管理が厳し過ぎる中学受験をした子どもは、受験が終わった途端まったく勉強をしなくなる燃え尽き症候群になる場合もあるので、ガチガチの動物園型でやるとしても、子どものメンタルのケアは必要です。

そのためには親が冷静にならなければいけないので、日常的に子どもと大声でバトルしているようであれば、無理はしないほうがお互いのためだと思います。

2つめは、中学受験をやめるという判断です。

お子さんは、計画は自分で立てたいという自立心が少し芽生えているものの、親も隣にはいてほしいという動物園型の甘えもまだしっかりと残っています。

つまり、動物園から牧場に出て行きたいけれども、まだ出て行くには早すぎる状況だという見方もできますから、ここで思いきって親が手を放し、好きなようにさせてあげるのです。

すると中学受験という縛りがなくなるので、親の悩みも本人の負荷もかなり軽減されます。

あとは本人がどうしたいか考えさせて、勉強以外のことも含めて、やりたいことをやらせるのです。

中学受験をやめたらやめたで新たな心配も生まれるかもしれませんが、今の苦しい状況を抜け出してお互い冷静になれるのなら、判断としてはありという考えです。

人生は中学受験がすべてではありません。

親子関係が険悪になるくらいなら、いったんブレーキを踏む親の覚悟も必要です。

逆に、お子さんが本気で受験する覚悟があるのなら、**マネージメントを親に任せてもらわなければ、どっちつかずのまま不完全燃焼で受験することになる可能性が高い**でしょう。

Q

中学2年生の息子がだらしなくて困っています。「子どもは子ども、自分とは違うから仕方がない」と頭ではわかっていても、時々感情を抑えきれずに爆発して自己嫌悪に陥ってしまいます。

A

子どもをちゃんと育てようと思うのではなく、子どもをつぶさない子育てを。怒りを抑える根本的な方法を試してみましょう。

人は感情の生き物ですから、感情が爆発してしまうのはある意味仕方のないこと。

そのときは、怒ったり叱ったり傷つけてしまったりする言葉をぶつけないように、別の部屋に移動するなどして、**お子さんから少し離れて距離を置いたほうがいいでしょう。**

アンガーマネジメントでは「6秒待つと怒りが静まる」と言われていますが、6秒待っても怒りが収まらないという相談も寄せられます。

そこで、子どもにガミガミ言ってしまう感情の2つの原因と3つの改善方法についてお伝えします。

【おもな2つの原因】

❶「きちんと、ちゃんと」しないといけないと思い込んでいるため、子どもがそうしてくれないと感情的になってしまう

これは親自身が、自分の親によってそのように刷り込まれているのではないでしょうか。

小さい頃から、「きちんとしなさい、ちゃんとしなさい」と漠然としつけられて、なんでも真面目にちゃんとやらなければいけないと思い込んでいる可能性があります。

それを自分の子どもにも投影し、期待と外れたことをすると爆発してしまうのです。

❷普段から仕事や家事や人間関係などさまざまなことでストレスが溜まっていて、マイナスエネルギーを身近にいる子どもに向けてしまう

これも子育てで非常に多い悩みです。仕事や家事など忙しい日常生活の中で、ささいな我慢や不満が積み重なり、それが膨れあがって、たまたま目の前にいる子どもの

様子を見て〝爆発〟することはよく見られる光景です。

【3つの改善方法】

❶ロジックを積み上げてマイナス感情を後退させる

たとえば、「子どもはなぜ私の言うことを聞かないのか?」という点からはじめます。

それに対し、「私の言い方が悪いから」「単純に私がイライラしているから」「子どもが必要性を理解していないから」など、考えられる理由を挙げていきます。

次に、「なぜ私の言い方が悪いのだろうか?」と順に考えていきます。

このように理由を積み上げていくと、根本原因に気づくことがあります。

しかし重要なのはロジックより、冷静になると意識が別に向かうため、イライラの感情が後退していくことです。それによって怒りの沸点が下がる可能性が高まります。

❷子どもの10年後の姿を決める

親がイライラし、怒りを感じてしまう原因の1つに、「焦り」があります。

子どもの悲観的な未来をイメージすると焦りを感じやすくなります。

すると、そうなってほしくないという焦りから、子どもの現在を変えようとします。

しかし、変えようとすればするほど未来を意識して、暗い未来に引っ張られます。

そこで、**自分の子どもが10年後、楽しく自分らしく生活している姿をイメージし、未来は明るくなると〝決めて〟みてください。**

今の子どもの状態を些細なことで憂えたり、怒ったりする必要はなくなります。

❸フラストレーションを解放する

怒りの沸点が低い人の傾向の１つに、趣味、好きなことができる時間が少なく、やるべきことに追われてフラストレーションが溜まっている状況があります。

そのため、**自分が解放される自由な時間を定期的に確保すると**、マイナス感情が軽減されることはよくあります。

感情を抑えられなくなる人は、当てはまっていそうなものから改善策を試してみてください。１つの方法で変わらなければ、２つ、３つと順に実践していくと効果的ですよ。

おわりに

「なるほどね～。だからか～」あなたからこの言葉が出てきたら、子どもが自分から勉強する日は近いです

本書も終わりに近づいてきました。いかがだったでしょうか。なるべくわかりやすく、具体的にお話ししてきたつもりですが、「難しい」「たくさんありすぎて頭パンパン、お腹一杯」と感じる人もいるかもしれませんね。

そこで、まずこれまでの内容をまとめていきますね。

本書では、「動物園」「牧場」「サバンナ」という3つの場を子育てのステージに置き換えて説明してきました。もちろん、これらはたとえとして使っている言葉で、実際の動物園、牧場、サバンナという意味ではありません。

「なぜ『勉強しなさい！』と言ってもやらないの？」「親の言うことを子どもが素直

に聞かないのはなぜ？」という疑問は、この3つのステージを理解するとその答えがわかってきます。理由は、**自分が子どもと生活しているステージがどの段階なのかがわかることで**、解決の糸口が見えてくるからです。

子どもの成長段階に応じて徐々に移行できるといい

動物園型が悪いということはありません。どの子にも動物園型が必要な時期はあります。しかし、いつまでも動物園型をやっていたら、安全安心ではあるけれども狭くて窮屈な枠の中での思考、行動しかできなくなります。自立するためには、子どもの成長段階に応じて**〝徐々〟に動物園型から牧場型へと移行していくこと**が望ましいと思っていますし、それが自然の姿だと考えています。

しかし、移行は単純に子どもの行動範囲を物理的に広げればよいという意味ではなく、親の意識（気持ち）の枠を動物園型とするのか、牧場型とするのかと考えるとわかりやすいです。**気持ちを変えることができれば、自然と言葉かけや対応は変わっていく**からです。

「親の意識が変わり↓自然と子どもへの声かけや対応が変わり↓自然と子どもの行動が変わり↓自然と子どもの思考が変わる」という流れができます。この流れの中で、「自然と」変わらないのは、親の意識の部分だけです。ですからこの部分がポイントになります。

自分の価値観を変えるのではなく、子どもの価値観を知る

ここまでは頭では理解できても、「意識を変えることが難しいんです」と思うかもしれませんね。

確かに容易ではありません。しかし、なぜ意識（気持ち）を変えることができないのでしょうか。そのいちばん大きな理由は「価値観」にあると思っています。価値観とは、自分が判断する基準であり、何を優先し何を大切にしているかという考え方のことです。大人になれば、これまで長い期間かけて無意識のうちに価値観を日々適用させてきており、ゆるぎない習慣として確立されているため、そう簡単には変わっていきません。

人は自分の価値観を基準に考える傾向にあるため、どうしても自分の価値観を相手に押しつけてしまうことがあります。これがトラブルの種なのですが、それが原因だと気づかないと、さらに相手に言い聞かせようと、ますますエネルギーを注ぎ込みます。親子関係の場合はそのエキサイトレベルが半端ないです。すると、〝予定通り〟「悪化」という状態がやってきます。

その結果「この子はダメな子」と言葉では言わずとも、心の中で感じていくことになります。そして、どれだけやっても効果がないため、ついに最後は、「あきらめ状態」になります。「もうどうでもいい!」と。ところが皮肉なことに、**親があきらめたそのときから子どもがイキイキと変わりはじめます**。このようなケースを、これまで35年間たくさん見てきました。

しかし、**自分の価値観を変える必要はありません。代わりに「子どもの価値観は何か?」という視点を持つことが大切になります**。

多くの場合、親と子どもの価値観は異なっています。それなのに、親になると、子どもも自分と同じ価値観だと思ってしまう傾向があります。

「損得」と「好き嫌い」のどちらを優先するかで違う

親子の価値観が違うことが理解できたら、親の気持ちも変わっていきます。

自分の価値観を変えるのではなく、子どもの価値観を知ればいいのですが、どうやって子どもの価値観を知ればいいでしょうか。そこで本書では、「マルチタスク型、シングルタスク型」と大きく2つのタイプに分けて、価値観の説明をしてきました。

マルチタスク型、シングルタスク型の判定を正確に行うには詳細なチェックテストを行う必要があるのですが、本書では簡易版のチェックリストを掲載しました。それを使って親のタイプ、子どものタイプを知ると、それぞれのタイプの価値観がわかります。

マルチタスク型の価値観は「損得」、シングルタスク型の価値観は「好き嫌い」が前に出てきます。ですから、**マルチタスク型は、「自分が得である」と思わないと動きません。シングルタスク型は「自分が好きなこと」から入っていかないと動きません。**たとえば、部屋に入るのに入り口のドアが2つあります。入ってしまえば中は同じ空間なのですが、親は自分の入り口から入れさせようとして子どもは嫌がるということが往々にして起こってしまうということです。

特に、親がマルチタスク型、子どもがシングルタスク型という組み合わせが、いちばんトラブルが発生しやすい組み合わせです。しかし、**親がこの価値観を理解していれば、「なるほどね～。だからか～」という言葉が出てきます**。これが、親の意識が変わるということです。すると対応法が変わり、言葉かけも自然と変わります。

荒波にもまれる人生、穏やかに楽しく進む人生

親があきらめて、ようやく子どもは〝動物園〟から〝牧場〟へと放たれたのです。荒波にもまれながら進む船に乗るのも、1つの人生ドラマですが、苦しまず、穏やかにクルージングしながら、楽しく海を進むこともできるのです。本書はそのためのガイドラインとなっています。

多くの子育て本では、「子どもの気持ちになってみましょう」「子どもを見守りましょう」「子どもに寄り添いましょう」と書かれることが少なくありません。それはそ

れで正しいと思いますが、本書は、「動物園」「牧場」「サバンナ」という用語を使い、子どもの段階に応じて実践できるように具体的に説明してきました。

なぜならば、**観念的にわかったとしても、実践できなければ何も変わらないからです**。その意味で、本書は「実践のガイドライン」と言ってもいいかもしれません。

皆さんが日々、子どもの成長を楽しみながら生活できますように

最後に、私はVoicyという音声配信で「Mama Caféラジオ」を毎日連続配信しています。2023年6月6日で1000日連続配信となりました。音声配信では、親御さんからの子育て、教育の相談を回答しています。無料で聴くことができる回もたくさんありますので、よろしければお耳寄りください。

子育ては楽とは言えません。親御さんも忙しく、日々の生活の中でイライラが出ることもあると思います。そのようなときに、本書と合わせてVoicyの音声配信を日々のメンテナンスとして聴いてみてください。気持ちがどんどん軽くなっていくと思います。

皆さんが日々、子どもの成長を楽しみながら生活できることを祈りつつ、本書を閉じたいと思います。最後までお読みいただきありがとうございました。またどこかでお会いできますこと、楽しみにしております。

八ヶ岳にて　石田勝紀

［著者］
石田勝紀（いしだ・かつのり）
1968年横浜生まれ。教育者、著述家、講演家、教育評論家。平成元年、20歳で起業し、学習塾を創業。4000人以上の子どもたちを直接指導する。35歳で東京の中高一貫私立学校の常務理事に就任し、大規模な経営改革を実行。Yahoo!ニュース公式コメンテーター。教育学修士（東京大学）。
2016年からは「カフェスタイル勉強会〜Mama Café」というママさん対象の子育て・教育の学びの会を全国で年100回以上主宰し、毎年2000人以上のママさんから直接相談を受ける。さらに相談メールは年間1500件以上にのぼり、全国のママさんたちが直面する子育ての悩みについて最もよく知る一人として知られている。
著書は『勉強しない子には「1冊の手帳」を与えよう！』『子どもを叱り続ける人が知らない「5つの原則」』『同じ勉強をしていて、なぜ差がつくのか？』（ディスカヴァー・トゥエンティワン）、『子どもの自己肯定感を高める10の魔法のことば』（集英社）他多数。
東洋経済オンライン連載「ぐんぐん伸びる子は何が違うのか？」が、累計1.2億PV。
音声配信メディアVoicy「Mama Caféラジオ」は、1000日連続配信しており、フォロワー数は１万人を超える人気番組となっている。

Voicy「Mama Caféラジオ」

勉強しない子に勉強しなさいと言っても、ぜんぜん勉強しないんですけどの処方箋

2023年７月４日　第１刷発行

著　者——石田勝紀
発行所——ダイヤモンド社
〒150-8409　東京都渋谷区神宮前6-12-17
https://www.diamond.co.jp/
電話／03·5778·7233（編集）　03·5778·7240（販売）

ブックデザイン—河村かおり（yd）
イラスト——霜田あゆ美
DTP————道倉健二郎（Office STRADA）
校正————鷗来堂
製作進行——ダイヤモンド・グラフィック社
印刷・製本—三松堂
編集協力——樺山美夏
編集担当——中村直子

ISBN 978-4-478-11375-2